2●28 FIN

DECLARANDO
EL FINAL
DESDE EL
PRINCIPIO

(Isaias 46:10)

Gabriel Ansley Erb

Adaptación de la video serie *2028 END OF THE WORLD* – disponible en DVD y Blu-ray.

Este libro ha sido traducido al español, francés y chino de su edición original en inglés. Si usted es un traductor que domina otro idioma no especificado aquí y desea ayudar a traducir este libro, favor contáctenos a través de la dirección que se encuentra al final de esta página.

Estamos decididos a llevar a todo el mundo este último mensaje de advertencia a cualquier costo. Si desea obtener alguno de estos libros al mayor para repartirlos, por favor avísenos. Recuerde que puede descargarlos gratuitamente desde nuestra página web.

"Mientras es de día tenemos que hacer la obra del que me ha enviado; porque vendrá la noche, cuando nadie puede trabajar" (Juan 9:4)

ISBN-13: 978-1-7332105-3-9
ISBN-10: 1-7332105-3-9

Impreso en Estados Unidos de América

10 Love Commandments Ministries
PO Box 814
Nashville, TN 37076

www.2028End.com

gabrielansley@gmail.com

Tabla de Contenido

CAPÍTULO 1 1
INTRODUCCIÓN

CAPÍTULO 2 5
EL JUEGO DE LA VIDA

CAPÍTULO 3 13
DÍA 7 DE LA CREACIÓN – EL REINO MILENARIO DE CRISTO

CAPÍTULO 4 27
DÍA 1 DE LA CREACIÓN – LA CAÍDA DE ADÁN Y EVA

CAPÍTULO 5 37
DÍA 2 DE LA CREACIÓN – INUNDACIÓN GLOBAL DE NOE

CAPÍTULO 6 51
DÍA 3 DE LA CREACIÓN – MOISÉS Y LA SEPARACIÓN DEL MAR ROJO

CAPÍTULO 7 67
DÍA 4 DE LA CREACIÓN – JUAN BAUTISTA Y CRISTO JESÚS

CAPÍTULO 8 81
DÍA 5 DE LA CREACIÓN – ESPÍRITU SANTO (PENTECOSTÉS)

CAPÍTULO 9 97
DÍA 6 DE LA CREACIÓN – ANTICRISTO Y MARCA DE LA BESTIA

CAPÍTULO 10 113
LAS SIETE FIESTAS DE DIOS – LOS TIEMPOS SEÑALADOS

CAPÍTULO 1

Introducción

¿Alguna vez te has preguntado cuándo volverá Jesús a la Tierra? Parece que cada año a alguien se le ocurre alguna razón por la que ESE año será el año. Harold Camping pensó que era el 21 de mayo de 2011. Nos dijeron que los mayas vincularon el 21 de diciembre de 2012 como un día devastador. Mark Biltz pensó que cuatro eclipses lunares en 2014/2015 eran significativos. Jonathan Cahn nos dijo que el año Shemitah de 2016 era importante. Y en el año 2017 la gente fue cautivada por un alineamiento de estrellas que ocurrió el 23 de septiembre. Pensaron que era una señal de Apocalipsis 12. Entonces proclamaron que el Señor vendría el 23 de septiembre del 2017.

Es decir, ¡es una locura! ¡La gente dice cosas todos los años! ¿Pero sabes qué? ¡La verdad sobre cuándo Jesucristo regresará se conoce desde el año 2008! ¡Ya ha pasado más de una década! Y está en el libro que escribí en 2008 titulado *Prueba bíblica innegable que Jesucristo regresará al planeta Tierra exactamente 2 mil años después del año de su muerte*. Escucha,

1

Cristo murió en la Fiesta de la Pascua en el año 28 d. C. en nuestros calendarios de hoy y regresará en la Fiesta de las Trompetas en el año 2028 d. C. – 2 mil años después. Es así de simple.

Así que te mostraré esta revelación ahora mismo en este libro. Y esta será la información más fascinante que habrás aprendido acerca de la palabra de Dios. ¡Me refiero a que esto te va a sorprender! ¡Este es el asunto: es simple! Es fácil de entender. No hay matemática que lo dificulte. No hay números complejos ni ecuaciones que resolver. Einstein se dio cuenta: "Cuando la solución es simple, Dios está respondiendo". Bueno, amigo, es exactamente así con esta revelación profética del regreso de Cristo Jesús en la Fiesta de Trompetas del 2028. ¡Es tan simple que grita ESTA ES LA VERDAD!

Así que te invito a que hagas un viaje conmigo al lado profético de la palabra de Dios y a la sorprendente revelación de que Dios siempre ha planeado que Su hijo Jesucristo regrese a la Tierra exactamente 2 mil años después del año que la dejó. Y si me escuchas, te prometo que ya no serás sacudido de un lado a otro por cada palabra falsa que la gente diga cada año tratando de animarte y convencerte de que Jesús regresará ese año. En lugar de eso, serás como yo, enraizado en la verdad profética de la palabra de Dios. Escucha, la fecha del día del juicio del 2011 de Harold Camping no me molestó porque yo sabía la verdad en 2008. También sabía que la fecha del calendario maya 2012 era una falsedad. Y las lunas de sangre y los años Shemita de 2014/2016 fueron simplemente una exageración. En el 2017 el supuesto signo de Apocalipsis 12 no fue lo que se creía que era. No tenía ansiedad por eso. ¿Sabes por qué? ¡Porque, de nuevo, me basé en la verdad profética de la palabra de Dios desde el 2008! Así que ninguna de estas cosas me molestó y no quiero que la gente te preocupe más.

Escucha, mi nombre es Gabriel Ansley Erb, y al igual que el ángel Gabriel en la Biblia, quien fue enviado para entregar mensajes de Dios a la humanidad... bueno, ¡he sido enviado para entregarte un mensaje! Entonces escúchame, Jesucristo NO va a regresar a este planeta hasta que pasen 2 mil años después de su muerte. Él regresará solo una vez en la Fiesta de las Trompetas en 2028 y te lo demostraré en este libro.

CAPÍTULO 2

El Juego de la Vida

La gente me pregunta de vez en cuando: "¿De qué se trata todo esto, Gabriel? ¿por qué estamos aquí? Y si hay un Dios, ¿por qué creó la Tierra? Y si nos ama tanto, ¿por qué hizo el infierno? ¿por qué puso un árbol envenenado en el Jardín del Edén con el fin de prepararnos para el fracaso?" Bueno, estas son buenas preguntas, ¡y afortunadamente tengo las respuestas!

Amigo, todo esto se trata de un JUEGO. ¡Es un JUEGO! Escucha, ¿recuerdas cuando eras joven y estabas con algunos amigos? ¿qué pasaba entonces? Alguien decía: "¡Oye, juguemos un juego!" Tal vez cuando eran jóvenes jugaban al escondite o a las traes. Y luego, a medida que crecieron, tal vez jugaron al kickball, béisbol y así.

Así que piensa en esto... ¿por qué hiciste eso? ¿qué te hizo querer jugar? Hay dos razones 1) Estabas aburrido. No tenías nada que hacer. Entonces, jugar un juego te quitaba el aburrimiento ya que te daría algo que hacer. Y 2) ¡Fue divertido! ¡Hay placer en ello! Es divertido competir en un juego para saber quién gana.

Incluso si no tenías ganas de jugar, era divertido ver jugar a tus amigos. Todavía te distraías viendo cómo se desarrollaba cada jugada, qué sucedía y quién ganaba o perdía al final.

Bueno, amigo, ¡eso es EXACTAMENTE lo que ocurre en esta tierra! ¡Dios creó un juego! ¡se llama el Juego de la Vida! Y lo creó para tener algo que hacer y por placer. La Biblia dice: "Tú eres digno, oh Señor, de recibir gloria, honor y poder: porque tú has creado todas las cosas, y para tu placer son y fueron creadas" (Apocalipsis 4:11). ¡Guau! ¿Ahora lo entiendes? Amigo, ¡Dios disfruta mucho ver jugar el Juego de la Vida! Escucha, ¿con qué frecuencia te sientas y ves deportes? Es divertido, ¿verdad? ¿eres malvado porque te gusta ver un juego? ¡por supuesto que no! Bueno, ¡Dios tampoco es malo porque le gusta ver jugar el Juego de la Vida!

Además, ¿son malvados los creadores de un juego? Es decir, al final, alguien tiene que perder el juego, ¿acaso esa pérdida les causará dolor emocional y tormento? Tomemos, por ejemplo, el equipo perdedor del Super Bowl (el juego de fútbol). Escucha, he visto a hombres adultos derrumbarse en el césped llorando al final de un juego, sus corazones se desgarraron pensando en las oportunidades perdidas y las jugadas que pudieron haber hecho para ganar pero que no hicieron. Entonces, ¿son malvados los creadores del fútbol porque puede causar este tipo de tormento? ¡No! Es un juego. ¡Gánalo! Dios no es malo por crear el Juego de la Vida. Es un juego justo para todos. Tienes el poder de ganarlo, ¡así que GANA EL JUEGO!

Este concepto de "vida como juego" se insinúa en diferentes lugares de la Biblia. Por ejemplo, Pablo escribió: "¿No sabes que en una carrera todos corren, pero solo uno recibe el premio? ¡Corran entonces de tal manera que ganen el premio!" (1 Corintios 9:24). ¿Lo ves? ¡Es un juego! Y Jesús nos dijo: "¡Hay alegría en la presencia de los ángeles de Dios por un solo pecador que se arrepiente!" (Lucas 15:10). ¿Alguna vez saltaste de alegría cuando viste a uno de los jugadores de tu equipo favorito hacer una gran jugada? ¡bueno, también Dios y Sus ángeles celestiales lo hacen mientras te observan tomar las decisiones correctas para ganar el Juego de la Vida! ¡Se emocionan! ¡quieren que ganes!

Así que mira, la Biblia dice que los humanos fuimos creados a imagen de Dios. Entonces, como Dios ama y crea juegos, ¡nosotros también! ¡fuimos creados a Su imagen! Es por eso que la humanidad ha creado miles de juegos. Tenemos juegos de invierno, de verano, deportes extremos, de computadora, de teléfonos. Me refiero a que nuestro mundo está INUNDADO de juegos. Tenemos golf, tenis, baloncesto, béisbol, hockey, fútbol y la lista sigue y sigue. Es como si estuviéramos obsesionados con los juegos. Eso es porque están conectados a nuestra alma. Dios ama los juegos y por eso nosotros también. Y, de nuevo, no tiene nada de malo.

Bien, veamos las seis características principales que componen un juego. Luego analizaré el Juego de la Vida respecto a cada una.

Entonces, las seis características principales de un juego son:

1. Campo de juego
2. Jugadores
3. Reglas
4. Entrenadores
5. Reloj
6. Manual

Veamos la #1 (campo de juego) respecto al Juego de la Vida de Dios. Esto es simple. ¡El campo de juego es la Tierra! Ahora sabes por qué Dios creó el planeta. ¡Es el campo para el Juego de la Vida! Escucha, no hay ningún lugar al que puedas ir donde no estés jugando el Juego. Desde la profundidad de los océanos hasta la cima de las montañas, ningún lugar está fuera de los límites. Si estás en la Tierra, estás jugando el Juego de la Vida. No tienes opción.

Esto nos lleva a la #2 (jugadores): ¡somos nosotros, la humanidad! Somos los jugadores del Juego de la Vida. Dios creó a Adán, a Eva y a todos sus hijos para jugar. Somos NOSOTROS quienes tenemos la oportunidad de ganar o perder. Alguien me preguntó una vez: "¿Qué importa si ganamos o perdemos el Juego de la Vida, Gabriel? No importa, ¿verdad?" ¡Guau! Amigo, ¡nada podría estar más lejos de la verdad porque ganar o perder este juego tiene CONSECUENCIAS ETERNAS para tu alma!

Ganar el Juego es recibir la vida eterna en el Cielo. Tienes la oportunidad de vivir por toda la eternidad con el creador del Juego, el gran Dios, la fuente de todo amor y luz. Déjame decirte, ¡será una alegría indescriptible llena de gloria! Todos en el cielo estarán cantando y regocijándose. Habrá descanso, comida y agua. No más dolor, no más enfermedad, no más lágrimas, no más tristeza. Es casi inimaginable qué tan hermoso, pacífico y amoroso será para aquellos que ganen el Juego de la Vida.

¿Pero perder el juego? ¡Amigo, no quieres hacer eso! Los perdedores del Juego de la Vida recibirán primero el infierno y luego el lago de fuego. Será la separación eterna del Dios creador, la fuente de todo amor y luz. Será un dolor impensable, lleno de tormentos. Habrá lamentos y crujir de dientes. No descansarás ni de día ni de noche, no habrá comida ni agua. Será un dolor intenso, lágrimas y oscuridad. Confía en mí, ¡no quieres perder el Juego de la Vida!

Lo cual nos lleva a la #3 (reglas) para jugar el Juego de la Vida. ¡Aquí entran los diez mandamientos de amor de Dios (10M)! Son las instrucciones sobre cómo jugar el Juego de la Vida. Quienes vivan por ellos (es decir, que vivan una vida de amor hacia Dios y los demás), ganarán el juego. ¡Aquellos que los desobedezcan voluntariamente perderán el Juego! Es así de simple. Sabiendo esto, debes darte cuenta de que nada podría ser más importante que entender TODO de estas diez reglas de Dios ya que son las jugadas que debes ejecutar para ganar el Juego de la Vida.

De hecho, son tan importantes que creamos un sitio web completo que explica todo sobre ellas. Se llama www.10LoveCommandments.com (en inglés). Y si hay algo que hagas por ti mismo en esta tierra, ¡deberías devorar todo en ese sitio web! Hay una serie de videos llamada *Ecuación de salvación* (en inglés) que habla sobre la salvación (cómo obtener la vida eterna) exponiendo todas las falsas doctrinas de salvación de las iglesias de hoy. También hay una serie de videos, *diez mandamientos de amor* (en inglés), donde puedes aprender todo sobre las reglas de Dios para el Juego de la Vida. Me es imposible intentar convencerte lo suficiente como para que te animes a ver estos dos seminarios, pues el conocimiento que contienen tiene el poder de cambiar tu vida.

Okey, hemos llegado a la #4 (entrenadores). Voy a hacer esto realmente simple para ti. El Juego de la Vida es jugado por dos equipos como el fútbol americano. El entrenador de un equipo es Jesús y el del otro es Satanás. En otras palabras, ¡todos en la Tierra están jugando para UNO de esos dos equipos, incluido tú! El equipo de Jesús hace jugadas de amor (sigue los 10M), mientras que el equipo de Satanás juega con orgullo (desobedece los 10M). Dicho de otra manera, los jugadores del equipo de Jesús viven según la Regla de Oro (tratan a los demás como les gustaría que los traten) y los jugadores del equipo de Satanás no (usan a los demás para su propio beneficio).

Y una cosa más: también hay muchos entrenadores secundarios en el Juego de la Vida. Jesús tiene ángeles y Satanás demonios. Dependiendo del equipo para el que juegues, estos entrenadores secundarios te hablarán mentalmente y te animarán a que juegues. Los demonios de Satanás te instarán a asesinar, mentir, robar, cometer adulterio, envidiar, etc; pero los ángeles de Jesús te instarán a perdonar, a decir la verdad, a dar, a honrar la cama matrimonial, a contentarte, etc. De nuevo, visita nuestro inspirador sitio web en inglés www.10LoveCommandments.com para conocer todo sobre las jugadas de cada uno de estos dos equipos.

Así que ahora llegamos a la característica #5 (reloj) del *Juego de la Vida*. Amigo, ¡de ESTO se trata el libro *2028 Fin*! ¡Es sobre el reloj en el *Juego de la Vida*! Escucha, la mayoría de los juegos tienen reloj. Están cronometrados. Y no solo tienen un tiempo total para el juego, como 48 minutos para el baloncesto o 60 minutos para el fútbol americano, sino que el tiempo se divide en unidades iguales más pequeñas, como cuatro períodos para el baloncesto (cada uno de 12 minutos) o cuatro cuartos para fútbol (15 minutos cada uno). ¿Entiendes?

Bueno, te explico: ¡ASÍ ES EXACTAMENTE EL JUEGO DE LA VIDA CREADO POR DIOS! Desde el principio, Dios determinó que el *Juego de la Vida* se jugaría por un tiempo total de 6 milenios, de principio a fin. Luego dividió ese tiempo total en seis períodos de mil años cada uno. ¡Ese es el reloj del juego, o el tiempo cronometrado, del *Juego de la Vida*! Pero luego hay una cosa extra que hizo Dios. Cuando terminen los 6 milenios iniciales, habrá un período agregado al tiempo del juego (mil años) llamado el séptimo milenio. Piensa en ello como un bono. Después de que culmine, el *Juego de la Vida* habrá terminado oficialmente. Será cuando todos los ganadores entrarán en la vida eterna en el Cielo y todos los perdedores entrarán en la muerte eterna en el lago de fuego, la segunda muerte.

Así que escucha, hablaré MUCHO MÁS sobre los siete días de Dios (reloj de juego de siete milenios) en este libro ¡y te demostraré de forma irrefutable que es verdad! Pero por ahora, solo quiero presentarte el concepto del reloj del juego en el *Juego de la Vida* de Dios, ¡porque de eso se tratan las profecías temporales en la palabra de Dios!

Finalmente, esto nos lleva a la última característica #6 (manual) y para el Juego de la Vida esto es simple: ¡Es la Biblia! Esta contiene toda la información sobre el Juego de la Vida; establece el campo de juego, los jugadores, las reglas, los entrenadores y el reloj del juego. ¡Me refiero a que todo está ahí! ¡Y en este seminario vamos a hablar A PROFUNDIDAD en la parte del reloj de juego!

Así que comprende, las grandes preguntas de la vida (por qué estamos aquí, por qué Dios creó la Tierra, de qué se trata todo esto, etc.) pueden responderse fácil cuando entiendes que todo esto es un juego. Todos jugamos el Juego de la Vida. Y ganar o perder tendrá consecuencias eternas para nuestra alma. ¡Dios está mirando! ¡Te está probando! ¡Quiere ver en cuál equipo elegirás jugar! ¡Y yo te pido que elijas a Jesús!

CAPÍTULO 3

Día Siete de la Creación
El Reino Milenario de Cristo

Bien, ahora que sabes que TODO es un juego con un campo, jugadores, reglas, entrenadores y un reloj, quiero que pienses en lo siguiente: ¿juegas un juego a mitad del partido (o más) hasta que sabes cómo va de tiempo? No, conoces el cronometraje desde el principio. Siempre se está al tanto del reloj del juego. Eso es lo justo.

Por ejemplo, si estás jugando fútbol americano, sabes cuando llegas a los últimos dos minutos del juego porque aumenta la sensación de urgencia y comienzas a alterar tu estrategia para ganar el juego. ¡Bueno, el Juego de la Vida es exactamente así! Dios entiende que "conocer cuánto marca el reloj" es parte de jugar el Juego de la Vida. Y por lo tanto, Dios anunció el tiempo final desde la creación del mundo, así como en cuántos períodos se dividiría el tiempo total. ¡Todo se dijo desde el principio!

Escucha atentamente lo que voy a decir. ¡ESTA ES LA RAZÓN DEL POR QUÉ DIOS USÓ SIETE DÍAS EN LA

HISTORIA DE LA CREACIÓN! No necesitó seis días para crear todo. ¡Ni siquiera necesitaba uno! Pudo haber creado todo en un milisegundo y dejarlo así, pero no, eligió deliberadamente usar los siete días en la creación a fin de establecer el cronómetro (el reloj) para el Juego de la Vida. Escucha, si quieres decir la hora, tienes que usar números, ¿verdad? Piénsalo, el tiempo se cuenta con números. Por eso Dios usó el número "7" en la historia de la creación. Desde el principio, al utilizar siete días en la historia de la creación, Dios estaba anunciando: "¡El Juego de la Vida continuará durante siete períodos y luego terminará!"

Dice en el manual del Juego de la Vida: "Yo soy Dios, y no hay nadie como yo, desde el principio anuncio el fin" (Isaías 46:9-10). ¡Guau! Mira, no confíes en mi palabra, ¡sino la de Dios! Está justo en Su Biblia en blanco y negro: ¡Dios anunció (es decir, habló sobre) el final desde el principio!

En fin, para comprender completamente este versículo, necesitas entender TODA la historia de la creación de siete días como "el comienzo". Dos versos prueban esto. Jesús dijo: "Desde el principio de la creación, Dios los hizo hombre y mujer" (Marcos 10:6). Jesús en este pasaje estaba hablando de nosotros, la humanidad. Fuimos creados el día seis, aunque Jesús lo llama "el comienzo de la creación". En otras palabras, lo que Jesús está diciendo aquí de verdad es que la historia de la creación (los siete días) fue "el comienzo". En otra ocasión, Jesús dijo: "Él fue un asesino desde el principio" (Juan 8:44). Esto se refiere al asesinato en el Jardín del Edén, cuando Satanás engañó a Adán y a Eva para que pecaran en el Edén y murieran espiritualmente. Esto sucedió poco después de los siete días de la creación (los judíos tienen una tradición que dice que fue tres días después, o sea, en el día diez) y, por lo tanto, Jesús sigue llamando a este evento "el comienzo".

Ahora bien, lo que estos versículos están probando es que la semana de la creación de siete días fue una semana literal (igual a lo que hoy conocemos como una "semana") y que estos siete días fueron "el comienzo" del Juego de la Vida de siete milenios hecho por Dios. Entonces, si comparas la primera semana con un aproximado de 4 mil años del pasado (cuando Jesús estaba en la tierra), ¿ves cómo esa primera semana sería fácilmente considerada "el comienzo"? Estoy profundizando en este punto porque quiero que entiendas que cuando Dios dice "anuncio el final desde el principio" significa que declaró el final en la historia de la creación de los siete días.

Es importante saber esto porque de esta forma todo lo que tenemos que hacer es buscar la palabra "fin" en la historia de la creación, ¡así sabremos el momento del fin! ¡Es así de simple! ¿Y adivina qué? Está ahí, solo una vez. Dice: "Y al séptimo día Dios terminó Su obra que había hecho; y descansó el séptimo día" (Génesis 2:2). ¿Espera, qué? ¿DIOS TERMINÓ EL TRABAJO QUE HABÍA HECHO? ¿no es extraño que Dios anuncie que dejó de trabajar después de seis días? ¡amigo, es porque se trata de una profecía! En esas palabras crípticas, Dios estaba profetizando: "¡Voy a DESTRUIR lo que hice!" ¿y cuándo? ¡después de que se completen seis días (o seis períodos)! Después de esto, comenzará el período final, un tiempo de descanso, el séptimo período.

Atiende esto. Lo único que Dios mantuvo en secreto en la historia de la creación fue la duración de estos períodos. El primer registro que tenemos de esto es gracias a Moisés en el manual del Juego de la Vida: "Mil años a los ojos de Dios son como un solo día que pasa" (Salmos 90:4). En otras palabras, ¡cada día de creación simboliza (o presenta) un milenio FUTURO! Luego, Dios confirmó esta verdad nuevamente a través de Pedro: "Pero, amados, no ignoren esta única cosa, que ante el Señor un día es como mil años y mil años son como un día" (II Pedro 3:8). Por cierto, no pases por alto cómo Dios introdujo esa declaración con ¡NO IGNOREN ESTO! Dios estaba diciendo: "estoy a punto de decir algo muy importante, así que ¡PON ATENCIÓN!" Y fue importante, porque dio la "clave" de la duración de los siete períodos que anunció en la creación: ¡cada día de la creación predice un futuro milenio!

Bien, amigo, cuando Jesús dejó la Tierra después de su resurrección y envió al Consolador (quien, dijo, nos llevaría a toda la verdad), no pasó mucho tiempo para que el Espíritu Santo comenzara a revelar a los padres de la primera Iglesia la historia de los siete días de la creación que predice el plan de siete milenios que Dios tenía para la Tierra. Y sabían que el "fin" vendría después de seis días (o 6 mil años), el cual es la segunda venida de Cristo. Y sabían que ese evento sería seguido por un milenio sabático en la Tierra, correspondiente al día siete en la historia de la creación [Ver Figura 1]. Este Sabbath milenario será el reino terrenal de Jesucristo con todos los santos. Juan escribió al respecto en el manual del Juego de la Vida, en el Apocalipsis: "Bienaventurado y santo el que

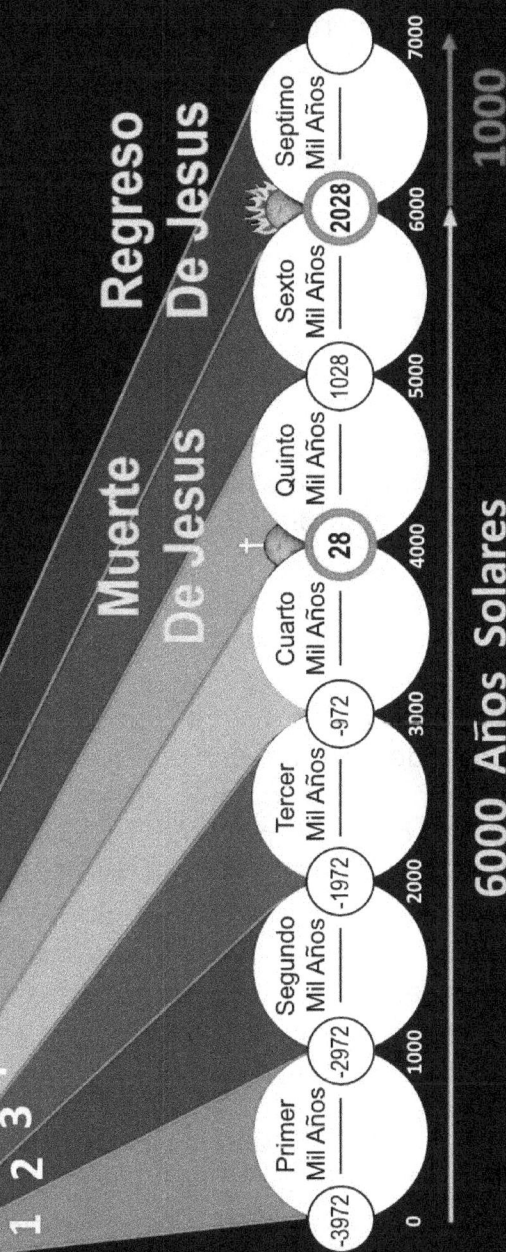

Figura 1 - Plan de 7 Dias / 7,000 Años de Dios

participa en la primera resurrección [la segunda venida de Cristo] ... [porque] serán sacerdotes de Dios y de Cristo, y reinarán con él mil años" (Apocalipsis 20:6). ¡Aleluya!

Y atiende. Esta doctrina (siete días de creación/siete milenios) no solo la sabían unos pocos de la primera Iglesia. ¡No, era ampliamente conocida! ¡Todos la sabían! Escucha las palabras de los padres de la primera Iglesia:

Bernabé (años 70-130) escribió en su *Epístola*:

> Él habla del Sabbath al comienzo de la creación, "Y Dios hizo en seis días las obras de sus manos y al séptimo día puso fin, y descansó el séptimo día, y lo santificó." Consideren, hijos míos, lo que esto significa: que Él terminó en seis días. Esto es lo que significa: que en seis mil años el Creador pondrá fin a todas las cosas, porque para Él un día es mil años. Él mismo testifica diciendo: He aquí que el día del Señor será como mil años. Por lo tanto, niños, en seis días, es decir en seis mil años, todas las cosas se cumplirán. Y Él descansó el séptimo día: quiere decir que cuando venga Su hijo, destruirá la época del maldito, juzgará a los impíos y cambiará el sol, la luna y las estrellas, y luego verdaderamente descansará en el séptimo día. (15:3-5)

Ireneo (año 150) fue entrenado por Policarpo; quien fue entrenado por Juan, quien a su vez escribió el Libro de Apocalipsis. Escribió en *Contra las Herejías*:

Porque en tantos días como se hizo este mundo, en tantos miles de años se concluirá (...) Esta es una cuenta de las cosas creadas anteriormente, como también es una profecía de lo que está por venir. Porque el día del Señor es como mil años; y en seis días se completaron las cosas creadas; es evidente, por lo tanto, que llegarán a su fin a los seis mil años. (libro 5, c. 28, 3)

Hipólito (años 170-235) escribió:

Y deben cumplirse seis mil años, para que pueda venir el Sabbath, el descanso, el día santo "en el que Dios descansó de todas sus obras". Pues el Sabbath es el tipo y emblema del futuro reino de los santos, cuando "reinarán con Cristo", cuando él venga del cielo, como dice Juan en su Apocalipsis: "un día con el Señor es como mil años". Entonces, si en seis días Dios hizo todas las cosas, se deduce que se deben cumplir seis mil años.

Lactancio (años 240-320) fue tutor del hijo del emperador romano Constantino. Era un erudito muy respetado. Escribió en algún momento lo siguiente en *Instituciones divinas*:

Por lo tanto, dado que todas las obras de Dios estaban completas en seis días, el mundo debe continuar en su estado actual a través de seis eras, es decir, seis mil años. Y así como Dios trabajó durante esos seis días para crear obras tan grandes, Su religión y verdad deben trabajar durante estos seis mil años, mientras la maldad prevalece y es real. Y de nuevo, dado que Dios, después de haber terminado Sus obras, descansó el séptimo día y lo bendijo, al final de 6 mil años toda la maldad debe ser abolida de la tierra, y la justicia reinará por mil años; y allí debe haber tranquilidad y descanso de los trabajos que el mundo ha soportado por mucho tiempo. (libro 7, c. 25)

¡Guau! ¡Ahí tienes! ¡Este plan de Dios de siete días/siete milenios está enraizado en la Historia! ¡Esto no es algo nuevo! Los padres de la primera Iglesia estaban absolutamente convencidos de que Dios había tomado A PROPÓSITO siete días en la creación para "anunciar el momento del fin desde el principio" y también, de forma específica, para anunciar que el fin viene tras seis días/milenios (año 6000) seguido del reinado milenario del Sabbath de Cristo. Así que solo piénsalo... ¡durante veinte siglos este plan de Dios de siete días/siete milenios ha sido conocido y enseñado por los profetas del Señor!

Esto me recuerda un encuentro increíble que tuve en 1983, cuando era solo un niño de doce años. Tengo que contarte esta historia. Mi papá había visto un anuncio en el periódico sobre un "profeta viajero" que iba a hablar en una iglesia que nunca habíamos visitado. Papá tenía curiosidad por saber cuál "profeta" era hoy. Tienes que saber que en ese momento nuestra familia solo había estado yendo a la iglesia por dos años, ¡así que no sabíamos mucho!

Bueno, fuimos, y cerca de terminar el mensaje del profeta esa noche, él caminó hacia el pasillo central, me señaló y dijo: "¡Levántate, hijo! ¿Sabes que Dios te dio tu nombre? ¡pues es Gabriel!" (¡El profeta tenía mi atención con eso!). Continuó: "Hijo, Dios ha puesto la creatividad de cuatro hombres dentro de ti. ¡Y serás como Juan Bautista en los últimos días preparando a la gente para encontrarse con el Señor, porque algún día Dios te colocará en una posición para poder influir en multitudes de personas!"

¡Guau! Me senté de nuevo, desconcertado. Mi cabeza daba vueltas. ¡Sin embargo, nunca olvidé las palabras que dijo sobre mí! Es como si estuvieran grabadas de forma permanente en mi mente. Es decir, piénsalo, solo tenía doce años y nunca las escribí, pero tampoco olvidé lo que dijo. Nunca intenté hacer realidad las palabras. Solo vivo mi vida. Terminé la secundaria. Fui a la universidad con intención de especializarme en Química y Bioquímica. Quería ser médico. ¡Y luego, a mediados de mis veintes, de todas las cosas, decidí mudarme a Nashville, Tennessee, para ser un cantante de música country! ¡Qué loco! ¡Como puedes ver, no estaba tratando de hacer que las palabras del profeta se cumplieran en mi vida!

Pero entonces en una noche de 2005 aquí en Nashville, cuando tenía treinta y cuatro años, Dios realizó un milagro para mí que fue tan impresionante. Hizo que Él volviera al primer lugar en mi corazón y mi mente. Me refiero a que el milagro fue tan asombroso que todo lo que pude pensar día y noche fue "¿cómo Dios hizo eso?". Y déjame decirte que me llevó a buscar a Dios y a Su Palabra como nunca antes en mi vida. Comencé un viaje de dos años y medio que terminó cuando Dios me dio un mensaje alucinante para el mundo sobre la Biblia. Puedes leer todo eso en mi libro de 2008 *Prueba bíblica innegable que*

Jesucristo regresará al planeta Tierra exactamente 2 mil años después del año de su muerte.

Pero volviendo al profeta que me llamó cuando tenía doce años, ¿adivina cuál fue su mensaje esa noche? ¿Podrías creer que estaba predicando la historia de los siete días de la creación que anuncia el plan completo de Dios de siete milenios para la Tierra? ¡Lo recuerdo como si fuera ayer! Tenía un gran pizarrón al frente sobre un caballete. Y como era 1983 (y conocía la fecha de creación de 4004 de Ussher), sabía que el año 6000 de la Tierra pronto llegaría en el 2000 de nuestro calendario.

Permíteme explicarte algo sobre esta profecía de siete días/siete milenios. Muchos predicadores (¡sin ningún fundamento!) tenían en mente que EL AÑO DEL NACIMIENTO DE CRISTO FUE EL 4000. El profeta no dijo eso esa noche, pero me enteré reciente. Entonces, si crees que el nacimiento de Cristo fue el año 4000 (cerca del año 0 en nuestro calendario gregoriano), es obvio que el año 6000 de la Tierra fue cerca del año 2000. ¡Muchos profetas prominentes de hoy creyeron esto! ¡Y así, en el año 2008 d.C., los escuché a todos comenzar a descartar la verdad de Dios de siete días/siete milenios! Comenzaron a predicar que los 6 mil años de la Tierra ya habían pasado, ¡aunque obviamente Jesús no había regresado! ¡Estaba asombrado! ¡Echaban a un lado veinte siglos de los profetas de Dios! ¡Impactante!

Pero estoy aquí para decirte que estos "profetas" modernos están equivocados. ¡El año 4000 de la Tierra NO FUE EL AÑO DEL NACIMIENTO de Cristo... fue el de su MUERTE (en la cruz)! ¡Dios profetizó este hecho

DIEZ VECES en Su Palabra, pero, tristemente, a lo largo de la historia nadie lo supo! Dios me reveló estas cosas en el año 2008 d.C., el año en que escribí mi libro, y te las voy a revelar ahora aquí. ¡Jesús murió en el año 28 d.c. de nuestro calendario (que corresponde al 4000 de la Tierra) y regresará en el 2028 d.C. (que será el 6000 de la Tierra)! Tan simple como eso.

Así que aquí estoy en 2019, predicando el mismo mensaje que el del profeta que me llamó cuando tenía doce años, ¡solo que con más detalle! Escúchame. ¡El plan de Dios de siete días/siete milenios para esta tierra sigue vigente! ¡Veinte siglos de profetas no se equivocaron! ¡La Tierra aún no ha llegado a los seis milenios! Llegará en el año 2028 d.C. El profeta dijo sobre mí en 1983: "Dios te pondrá en una posición algún día para influir en multitudes"... Bueno, aquí estoy en Internet, haciendo videos y escribiendo libros, llegando a millones de personas. Hicimos una película de *2028 FIN* en 2014 que ahora tiene casi diez millones de visitas. Estamos enviando libros y carteles a todo el mundo. Tenemos tres sitios web que revelan las asombrosas verdades de la Palabra de Dios. Para mí es asombroso lo que Dios ha hecho. Y lo aún más sorprendente es que las palabras de ese profeta en 1983 eran ciertas.

Mira, aquí es donde el plan de los siete días de creación/siete milenios de Dios ha desembocado tras veinte siglos. Los profetas sabían que el día siete en la historia de la creación profetizaba el séptimo milenio de la Tierra. Sabían que las palabras "descanso" y "santificación" en ese día (para apartarse como santos) se relacionaban con el "descanso" y la "santidad" durante el reinado milenial de Cristo en la Tierra, cuando Satanás sea encerrado en el pozo sin fondo [Ver Figura 2].

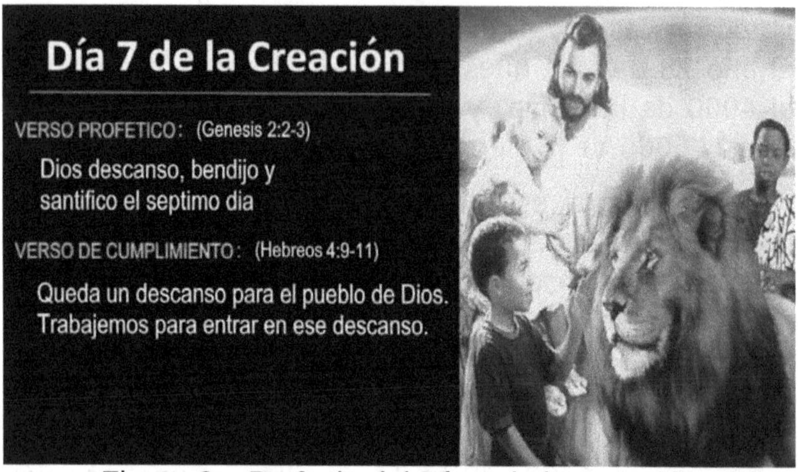

Día 7 de la Creación

VERSO PROFETICO: (Genesis 2:2-3)

Dios descanso, bendijo y santifico el septimo dia

VERSO DE CUMPLIMIENTO: (Hebreos 4:9-11)

Queda un descanso para el pueblo de Dios. Trabajemos para entrar en ese descanso.

Figura 2 – Profecia del Día 7 de la Creación

¿Pero estás listo para lo que viene? Los profetas no sabían lo siguiente; en otras palabras, ¡esto es algo sin precedente escrito de nadie que se haya conocido a lo largo de la Historia! ¿Estás listo? El día siete en la historia de la creación no es el único que contiene palabras proféticas sobre el futuro milenio, ¡también los seis días anteriores! ¡CADA DÍA en la historia de la creación profetiza el futuro milenio! En resumen, el día uno de la creación anticipa lo que sucederá en los primeros mil años de la Tierra. El día dos de la creación habla sobre el segundo milenio de la Tierra y así sucesivamente. Estos no son solo pequeños eventos profetizados sin sentido. No, ¡ESTOS SON POR MUCHO LOS EVENTOS MÁS IMPORTANTES que ocurrieron en cada milenio dentro del plan de Dios para esta tierra! Amigo, cuando entiendes esto, no sé cómo alguien podría negar la verdad del plan de siete días/siete milenios de Dios. ¡Esta información profética lo consolida como verdadero!

Tocaremos esto en los próximos seis capítulos de este libro. Hablaré de cada día de la creación y te revelaré las palabras proféticas ocultas en cada una acerca de su respectivo milenio futuro. Rezo para que el mundo despierte con estas verdades y los predicadores comiencen a enseñarla en todo el mundo. ¡La gente necesita saber que el tiempo del reloj del Juego de la Vida de Dios se está agotando rápido!

CAPÍTULO 4

Día Uno de la Creación
La Caída de Adán y Eva

Muy bien, hagamos un resumen de donde hemos estado. Aprendimos en el capítulo 3 que los profetas de Dios han estado proclamando (¡por casi 2 mil años hasta ahora!) que DIOS ELIGIÓ DELIBERADAMENTE usar la historia de los siete días de la creación para anunciar el momento del fin desde el principio del mundo. Y esto fue así por el hecho de que cada uno de esos siete días de creación predijo un futuro milenio que a su vez forman un plan total de 7 mil años que Dios tiene para la Tierra. Los profetas sabían la historia del séptimo día del Sabbath en la predicha creación del milenario reino sabático de Cristo en la Tierra, que llegará a los 6 mil años de la segunda venida de Cristo. Y hasta aquí quedó la revelación en los últimos dos milenios.

Pero en el año 2008 d.C., Dios comenzó a mostrarme que no fue solo el día siete en la historia de la creación que contenía palabras proféticas sobre su futuro milenio, ¡las hay en los seis días anteriores!

Cada día de la creación contiene una profecía sobre el evento más grande que ocurrirá en su respectivo milenio. De esta forma, el día uno de la creación profetizó los primeros mil años de la Tierra, el día dos anunció los siguientes mil años de la Tierra y así sucesivamente. Así que vamos a entrar en esta revelación ahora mismo, comenzando con el día uno, y te mostraré las palabras que Dios usó en los eventos de ese día para profetizar secretamente la expulsión de Adán y Eva en el Jardín del Edén, el cual fue el evento más grande que Él había planeado en el primer milenio de la Tierra.

Pero primero, ¿recuerdas las palabras que Ireneo escribió en el siglo II? Las leíste en el último capítulo. Él dijo: "La historia de la creación es un relato de las cosas creadas anteriormente, ya que también es una profecía de lo que está por venir". ¡Increíble, no sabía que estaba en lo correcto! ¡No sabía que CADA DÍA de la creación contenía una profecía sobre el evento más grande que ocurrirá en su futuro milenio y aún así escribió esas palabras! ¡Asombroso!

Por cierto, en serio Dios confirmó que todo esto es cierto con estas palabras: "Yo soy Dios, y no hay nadie como yo, anuncio el fin desde el principio y de antemano, lo que no se ha cumplido todavía diciendo: Mi plan se llevará a cabo, porque cumpliré toda mi voluntad" (Isaías 46:9-10). ¡Guau! ¿Lo leíste bien? Entonces, no solo Dios anunció el momento del fin desde el principio, ¡también dijo que predice cosas que aún no han pasado! Dijo "de antemano", pero ten en cuenta que Dios pronunció estas palabras a través de Isaías alrededor del año 800, por lo tanto, lo "de antemano" en el 800 probablemente se refiere al Génesis.

El gran John Wesley hizo un comentario sobre la Biblia en 1700; sabía lo que decía Isaías 46:10, aunque no entendía completamente cómo lo había hecho Dios. Él dijo: "Dios estaba pronosticando desde el principio del mundo eventos futuros que deberían ocurrir en épocas posteriores, incluso hasta el fin del mundo". ¡Guau! ¡Eso es exactamente lo que voy a revelarte en este libro!

Así que echemos un vistazo al primer día de la creación y veamos (como dijo John Wesley) el "evento" que Dios predijo que sucedería en la primera era milenaria de la Tierra. El día uno de la creación se lee así:

> Al principio Dios creó el cielo y la tierra.
>
> Y la tierra no tenía forma y estaba vacía; y la oscuridad estaba sobre la faz del abismo. Y el Espíritu de Dios se movió sobre la faz de las aguas.
>
> Y Dios dijo: qué haya luz; y hubo luz.
>
> Y Dios vio la luz, que era buena, entonces Dios separó la luz de la oscuridad.
>
> Y Dios llamó a la luz día y a la oscuridad noche. Y atardeció y amaneció y pasó el primer día. (Génesis 1:1-5)

Entonces, ¿cuál es la profecía oculta en estas palabras? En la línea "Dios separó la luz de la oscuridad" (Génesis 1:4). ¡Amigo, estas palabras predijeron la caída de Adán y Eva en el Jardín del Edén! Déjame explicarte.

¿Ves que en la narrativa Dios llamó a la luz "buena"? En fin, esto es por defecto llamar a la oscuridad "malvada". Y de hecho, a lo largo de la Biblia, Dios confirma esta analogía de la luz es buena y la oscuridad es mala. Jesús dijo:

> Y esta es la denuncia, la luz vino al mundo, y los hombres prefirieron la oscuridad que la luz, porque sus obras eran malas. Pues todos los que hacen el mal, odian la luz, ni tampoco van a la luz, no sea que sus obras sean expuestas (Juan 3:19-20)

Ves que la oscuridad se vincula con el mal y la luz con lo bueno. Pablo escribió:

> Pues alguna vez ustedes eran oscuridad, pero ahora son luz en el Señor: caminen como hijos de luz. Porque el fruto del Espíritu está en toda bondad, justicia y verdad (...) no tengáis comunión con las obras infructuosas de las tinieblas, más bien reprochadlas (Efesios 5:8-11)

Mira, allí está otra vez, la luz como algo bueno y la oscuridad como el mal.

Entonces, al retroceder en las palabras del Génesis 1:4, donde dice "Dios separó la luz de la oscuridad", ifue una profecía que predecía que el bien y el mal se separarían en algún momento durante los primeros mil años de la Tierra! Y amigo, ESTO ES EXACTAMENTE LO

QUE SUCEDIÓ cuando Adán y Eva pecaron en el Jardín del Edén. ¡El árbol prohibido en el Jardín se llamaba ÁRBOL DEL CONOCIMIENTO DEL BIEN Y EL MAL! Dios les dijo: "Pero del Árbol del conocimiento del bien y del mal no comerán, pues el día que de él coman, ciertamente morirán" (Génesis 2:17). ¡Pues comieron de él y murieron espiritualmente ese mismo día! Sus ojos se abrieron y por primera vez en sus vidas supieron la diferencia entre lo que era bueno y lo que era malo. Dios hizo este pronunciamiento: "He aquí, el hombre se ha convertido en uno de nosotros, conoce el bien y el mal" (Génesis 3:22). ¿Lo ves? ¡Bien y mal ahora estaban SEPARADOS en los corazones de la humanidad! ¡Los hombres sabían la diferencia entre ellos!

En fin, atiende que Génesis 3:22 es el versículo de cumplimiento de lo que Dios había profetizado que sucedería en Génesis 1:4 [Ver Figura 3]. En otras palabras, entiende esto: cuando Adán y Eva pecaron, ¡la profecía bíblica se estaba cumpliendo! ¿Lo leíste bien? ¡Solo piénsalo: cuatro versículos en la Biblia y Dios ya está profetizando! ¡Es impactante! Si estudias cuidadoso los versos proféticos que Cristo cumplió durante su primera venida, verás que lo que te estoy diciendo acerca de Génesis 1:4 es la verdad. Verás que es como las otras palabras proféticas de Dios en las Escrituras. ¡Porque Él entra y sale de la profecía tan rápido y sin problemas que es impresionante!

Por cierto, si solo piensas en la luz y la oscuridad en el sentido físico (como lo que Dios estaba creando de forma literal en el día uno de la creación), la verdad es

31

que no tiene sentido decir "Dios separó la luz de la oscuridad". Piénsalo. Donde hay luz, es natural que se excluya la oscuridad. No necesitan estar divididos, ¡solo sucede! Enciende una lámpara en una habitación oscura y ¡bam! La luz saca de forma instantánea a la oscuridad y llena la habitación. Entonces decir que Dios SEPARÓ la luz de la oscuridad parece una frase desechable. La verdad es que no tiene mucho sentido físicamente. Podrías eliminar esa línea de la narrativa del primer día de la creación y todo tiene sentido sin ella: "Y Dios dijo: qué haya luz, y hubo luz. (...) Y Dios llamó a la luz día y a la oscuridad noche. Y atardeció y amaneció y pasó el primer día" (Génesis 1:3-5). ¡Tiene mucho sentido!

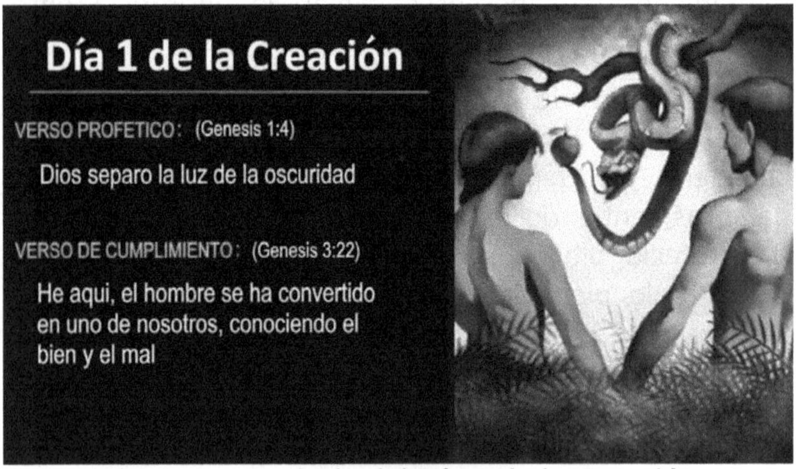

Día 1 de la Creación

VERSO PROFETICO: (Genesis 1:4)

Dios separo la luz de la oscuridad

VERSO DE CUMPLIMIENTO: (Genesis 3:22)

He aqui, el hombre se ha convertido en uno de nosotros, conociendo el bien y el mal

Figura 3 – Profecia del Día 1 de la Creación

Pero escucha, cuando comprendes que DIOS QUERÍA PROFETIZAR "LO QUE NO SE HA CUMPLIDO TODAVÍA" DESDE EL PRINCIPIO DE LOS TIEMPOS, ¡entonces la frase adquiere un significado nuevo por completo! Te digo la verdad, las palabras "Dios separó la luz de la oscuridad" en la narración del primer día de la creación eran profecías secretas sobre el evento más grande que ocurrió en los primeros mil años de la Tierra: ¡la caída en el pecado y en consecuencia la muerte de la humanidad! De hecho, ¡el evento fue tan importante que completó la configuración del Juego de la Vida de Dios! ¿Recuerdas lo que hablamos en el capítulo 2? Escucha, una vez que la humanidad estuvo bajo la "pena de muerte" por el pecado, ¡la opción de perder el Juego de la Vida ya estaba sobre la mesa! En fin, el tablero de Dios para el Juego de la Vida ahora estaba abierto por completo, ¡COMENZÓ EL JUEGO para toda la humanidad!

Recuerdas al tipo que me preguntó: "Vamos, Gabriel, ¿por qué Dios pondría un árbol envenenado en el Jardín del Edén con el fin de prepararnos para el fracaso?" ¡Bien, ya lo sabes! ¡Estableció la opción (o la decisión) de que la humanidad perdiera o ganara el Juego de la Vida! ¡Es así de simple! Es como te dije en el capítulo 2 de este libro: ¡TODO se trata de un juego!

Okey, ahora sabes POR QUÉ Dios profetizó la caída de la humanidad en el día uno de la creación. ¡Sabía que iba a suceder durante el primer milenio de la Tierra! ¡Necesitaba que pasara para terminar de configurar Su Juego de la Vida! Es como si hubiéramos leído antes en Isaías 46:10: "El plan de Dios se llevará a cabo [¡lo que significa que tiene un plan!] porque hará cumplir Su voluntad". Amén.

Muy bien, hay una última cosa breve que quiero decirte solo aquí en el capítulo 4, porque la mayoría de la gente no lo entiende (incluso la gente de la Iglesia); sin embargo, ES MUY IMPORTANTE SABERLO: cuando

Adán y Eva aprendieron la diferencia entre el bien y el mal, significa que aprendieron los diez mandamientos de amor. ¡Esta es una revelación poderosa! TODA BONDAD se define por "obedecer a los 10M" y TODA MALDAD se define por "desobedecer los 10M". Es así de simple. Así, Adán y Eva conocieron estas diez reglas en el momento en que comieron del Árbol del conocimiento del bien y del mal. ¿No es genial?

Si lees mi libro *Prueba bíblica innegable que Jesucristo regresará al planeta Tierra exactamente 2 mil años después del año de su muerte*, notarás que destaco anécdota tras anécdota en el Génesis para demostrar que la humanidad conocía los 10M mucho antes de que Dios los escribiera en las tablas de piedra en el monte Sinaí. ¡La humanidad siempre los ha conocido! ¡Son la ÚNICA diferencia entre lo que es bueno y lo que es malo! El bien da, el mal arrebata; el bien perdona, el mal odia; el bien es satisfactorio, el mal codicia; y así sucesivamente. Visita nuestro maravilloso sitio web www.10LoveCommandments.com (en inglés) a fin de aprender todo sobre los diez mandamientos y leer la lista completa de todos los pensamientos, palabras y acciones buenas y malas.

Así que eso es todo lo que voy a decir al respecto por ahora, pero ten en cuenta que Dios ha sido perfectamente justo con toda la humanidad desde el principio de los tiempos pues les concedió el ÚNICO CONOCIMIENTO que necesitaban para ganar el Juego de Vida (obtener la vida eterna), es decir, seguir el camino del bien (obedecer los 10M) y evitar el camino del mal. La video serie *Ecuación de salvación* en nuestro sitio web www.10LoveCommandment.com (en inglés) de verdad te ayudará a comprender todo esto.

Muy bien, en resumen: ahora sabemos que Dios profetizó la caída de Adán y Eva en el día uno de la creación, y que tal evento se cumplió en el primer milenio de la Tierra, quizás el año 1. Y sabemos que Dios profetizó acerca de la próxima llegada de Cristo y su apacible reino del Sabbath en el día siete de la creación, por cumplirse en el séptimo milenio. ¡A continuación, voy a revelar las proféticas palabras secretas de Dios en el día dos de la creación, las cuales predicen el evento más grande que ha planeado en el segundo milenio!

CAPÍTULO 5

Día Dos de la Creación
Inundación Global de Noé

Muy bien, hemos llegado al día dos de la creación. Sabes lo que estamos haciendo, ESTAMOS REVELANDO LAS PROFECÍAS SECRETAS, hechas por Dios, de los eventos más importantes que ocurrirán en el milenio correspondiente A CADA DÍA DE LA CREACIÓN. Así que el día dos de la creación habla del segundo milenio de la Tierra.

Recuerda, la única razón, escúchame, la ÚNICA RAZÓN por la que Dios tomó siete días en la anécdota del Génesis fue para poder anunciar el momento del fin desde el principio del planeta. El tiempo se cuenta usando números. Así, cada uno de los días de la creación predice un futuro milenio en un plan total de 7 mil años. Para no dejar ninguna duda, esta es la verdad, Dios hizo algo asombroso. ¡Él ocultó en la escritura profecías que anticipan el evento más grande por ocurrir en el milenio futuro correspondiente al día! ¡Esta es la mayor revelación de nuestro tiempo! Si todos aprendieran estas verdades proféticas en la Biblia, ¡el mundo cambiaría!

Aquí estamos, el segundo día de la creación. ¡Dios escondió palabras en esta anécdota para profetizar en secreto el diluvio global de Noé! La Biblia confirma cuidadosamente que este evento tuvo lugar en el segundo milenio de la Tierra. ¡Es realmente fascinante! Pero, ¿por qué fue tan importante la inundación? En otras palabras, ¿por qué querría Dios anunciar ello en el día dos del Génesis? Esto se debe a que toda la historia de Noé, el arca y el diluvio global es una parábola profética masiva sobre la segunda venida de Jesucristo y el fin del mundo. ¡Amigo, la historia de Noé es una profecía que aún no se ha cumplido del todo! Dios incluso declaró en la historia (¡OTRA VEZ!) que el "fin" vendrá a los 6 mil años de la Tierra! Esta es la segunda vez que Él profetiza este hecho, la primera vez en la historia de la creación, como ya aprendimos en el capítulo 3.

Okey, entonces la narrativa del segundo día del Génesis es así:

Y Dios dijo: que haya un firmamento [cielo] en medio de las aguas, y que separe las aguas de las aguas.

E hizo Dios el firmamento, separó las aguas que estaban debajo del firmamento de las aguas sobre el firmamento. Así fue.

Y Dios llamó al firmamento cielo. Y atardeció amaneció y pasó el segundo día. (Génesis 1:6-8)

¿Notaste que habla de mucha agua en los eventos de este día? ¡Eso no es casualidad! Entonces, ¿cuáles son las palabras proféticas secretas que predicen el diluvio global de Noé? La línea "que haya un firmamento en medio de las aguas" (Génesis 1:6). Amigo, estas palabras profetizaron el diluvio porque esa fue la primera vez que llovió en la Tierra. Esa fue la primera vez que el cielo estuvo lleno de agua. ¡El cielo estaba en medio de las aguas!

Escucha, hasta la inundación, nunca había llovido en el planeta. La Biblia dice: "Subió una neblina de la tierra y regó toda la faz del suelo" (Génesis 2:6). Pero en el momento del diluvio, la Biblia dice: "Los manantiales brotaron del gran abismo y las compuertas del cielo se abrieron. La lluvia cayó sobre la tierra durante cuarenta días y cuarenta noches" (Génesis 7:11-12). Ahí está el verso revelador. Durante la inundación mundial, por primera vez los cielos estuvieron en medio de las aguas.

Entonces Génesis 7:11 es literalmente el versículo que descubre lo que Dios había profetizado en Génesis 1:6 [Ver Figura 4]. ¡Bastante impresionante! Incluso si eres del equipo que cree que llovió sobre la tierra antes del diluvio de Noé, debes comprender que tal inundación fue la primera y única vez que TODO EL CIELO estuvo lleno del agua. Quiero decir que en toda la extensión de cielo que rodea la tierra llovía. ESTE es el cumplimiento de lo que Dios profetizó en el día dos de la creación.

Ahora vamos a confirmar que la inundación de Noé tuvo lugar en el segundo milenio. ¡Es valioso que incluso tengamos esta información! Dios tuvo cuidado de incluir las fechas de nacimiento de los patriarcas, desde Adán hasta Noé, y luego la edad de Noé cuando ocurrió el diluvio; de esta forma podemos saber el AÑO EXACTO en que ocurrió el diluvio desde la creación. Bien, ¿por qué Dios haría esto? ¡Amigo, es para que tengamos pruebas de lo que te digo hoy! Es para que sepas, sin lugar a dudas, que la historia de Noé sucedió durante el segundo milenio de la Tierra, cumpliéndose de forma perfecta la profecía del día dos.

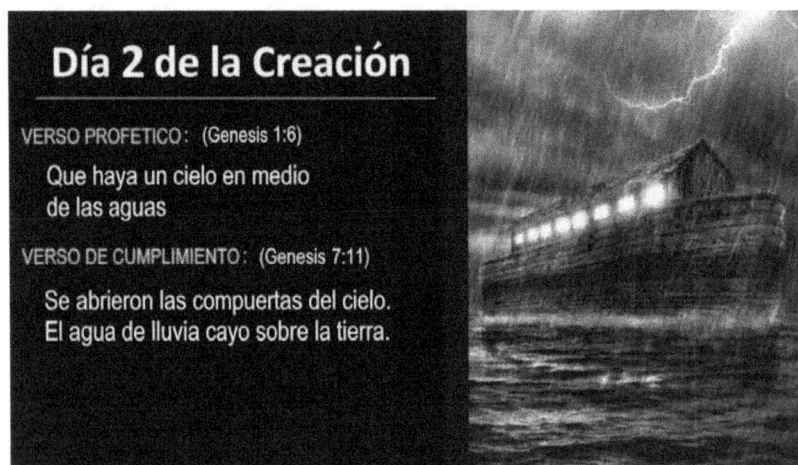

Día 2 de la Creación

VERSO PROFETICO: (Genesis 1:6)
Que haya un cielo en medio
de las aguas

VERSO DE CUMPLIMIENTO: (Genesis 7:11)
Se abrieron las compuertas del cielo.
El agua de lluvia cayo sobre la tierra.

Figura 4 – Profecia del Día 2 de la Creación

Aquí hay una tabla [Ver Figura 5] que muestra las fechas de nacimiento de los padres. Puedes obtener esta información en los libros 5 y 7 de Génesis. Es fácil de sumar. Verás que Adán tenía ciento treinta años cuando nació Seth y Seth tenía ciento cinco cuando nació Enosh, y así sucesivamente. Si sumas todo (lo que no lleva mucho tiempo), te darás cuenta de que Noé fue el décimo padre de Adán y nació en el año 1056. Luego, la inundación ocurrió seiscientos años después, en 1656. ¡Entonces está muy claro en la Biblia que la historia de Noé, el arca y el diluvio global, TODO sucedió durante el segundo milenio, que se extiende del año 1000 al 2000!

Genealogía de Génesis 5 Hasta la Inundación

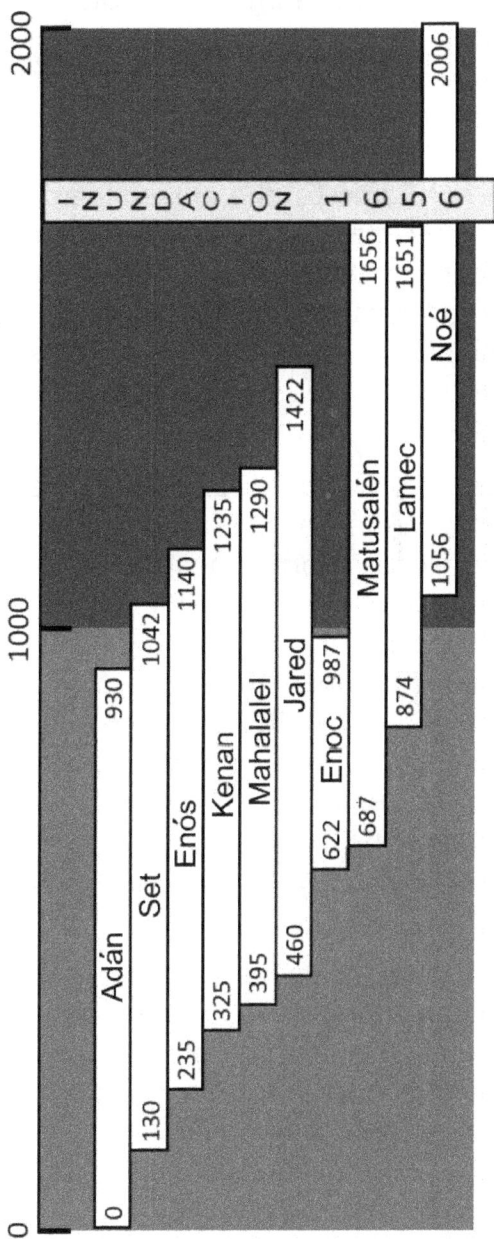

0	Adán	930							
130	Set	1042							
235	Enós	1140							
325	Kenan	1235							
395	Mahalalel	1290							
460	Jared	1422							
622	Enoc	987							
687	Matusalén	1656							
874	Lamec	1651							
1056	Noé	2006							

Figura 5 - Tabla de Genealogia del 1er y 2do Milenio

¡Ahora, la parte divertida! ¿Qué pasa con la historia de Noé, el arca y la inundación? ¿qué tiene de especial? ¿por qué querría Dios profetizar eso en el segundo día de la creación? En otras palabras, ¿por qué iba a ser el mayor evento del segundo milenio de la Tierra? Como te dije antes, ¡porque toda la historia es en sí misma una profecía sobre el fin del mundo, lo que significa la segunda venida de Cristo! Intenta comprender este hecho: ¡La historia de Noé, el arca y la inundación contiene los detalles de CÓMO SE DESARROLLARÁ EL FIN DEL MUNDO en una época en la que la Biblia aún no estaba escrita! ¡Piensa en eso!

Así que, como te dije antes, la historia es una parábola profética de la vida real. Ahora escucha, cuando piensas normalmente en una parábola, piensas en la PALABRA HABLADA. Alguien que dice una parábola como lo haría Jesús. Pero esto es diferente. ¡Esto es Dios manejando literal los eventos de una historia de la VIDA REAL ocurrida en la Tierra para que los detalles y acciones sean parabólicos y por ende pueda entregar un MENSAJE PROFÉTICO a la humanidad! ¡No sé tú, pero no sé de ningún otro ser en el Universo que pueda hacer algo como esto! Es alucinante.

Entonces, como es una parábola, déjame decirte qué representan las cosas en la historia: Noé representa a Jesús y el arca representa el Cielo. Entonces Noé es una imagen profética de Jesús y el arca que está construyendo es el Cielo como lugar literal. Cuatro detalles en la historia prueban que el arca representa al Cielo.

#1 Dios le dice a Noé: "lo harás con pisos bajos, un segundo y un tercero" (Génesis 6:16). Más tarde, Pablo nos contó: "Conocí a un hombre en Cristo (…) atrapado en el tercer cielo" (II Corintios 12:2). Esta es la única vez en la Biblia que se nos dice que el cielo tiene tres niveles. Así pues, hay un primer, segundo y tercer cielo, como Dios le dijo a Noé que construyera el arca.

#2 Dios le dijo a Noé: "Haz habitaciones en el arca" (Génesis 6:14). Más tarde, Jesús vino y dijo: "La casa de mi Padre [es decir, el Cielo] tiene muchas habitaciones" (Juan 14:2). Estas palabras de Jesús afirman la parabólica verdad de la historia de Noé: el arca es una imagen del Cielo. Y como Dios sabía que el cielo tenía habitaciones, Dios quería que Noé hiciera habitaciones en el arca.

#3 Dios le dijo a Noé: "Harás una ventana para el arca" (Génesis 6:16). Más tarde, Dios dijo: "Pruébame, si no voy a abrir las ventanas del Cielo y derramar una bendición para ti" (Malaquías 3:10). ¿Lo ves? El Cielo tiene ventanas, así que Dios quería que Noé pusiera ventanas en el arca.

#4 Dios le dijo a Noé: "Pon una puerta al costado del arca" (Génesis 6:16). Más tarde, Jesús vino y dijo: "Yo soy la puerta. Si alguien entra por mí, será salvado" (Juan 10:9). Mira, Jesús es la ÚNICA PUERTA que conduce al Cielo; por lo tanto, Dios quería que Noé construyera solo una puerta al costado del arca.

Así que ahí lo tienes, es innegable que el arca en la historia de Noé es una imagen precisa del Cielo. ¡Es el ÚNICO lugar seguro que existe tras la destrucción en el fin del mundo! Entonces, ¿ves lo que pasa en la historia de Noé? Así como Noé trabajó construyendo el arca, así es él como imagen profética de Jesús construyendo el Cielo. Recuerda a Jesús que dice: "Voy a prepararles un lugar. Y tras ir y preparar un lugar para ustedes, volveré y los recibiré yo mismo; para que donde yo esté, allí también puedan estar" (Juan 14:2-3). Amigo, ¡Noé es la metáfora de eso! Así como construyó los tres pisos en el arca, construyó cada habitación en él, construyó las ventanas y la única puerta; él es la imagen de Jesús preparando el Cielo para nosotros. Y como dije, ¡es el ÚNICO lugar seguro que existirá cuando ocurra la destrucción global en el fin del mundo!

Entonces, en la historia de Noé cuando la destrucción finalmente estaba cerca, ¿adivina a quién llamó Dios al arca? ¡solo a la familia de Noé! Él, su esposa, sus tres hijos y esposas (sus tres nueras). Dios le dijo a Noé: "Entra tú y toda tu casa al arca; pues delante de mí eres el único justo de esta generación "(Génesis 7:1). ¡Amigo, este detalle revela perfectamente quién se salvará cuando Jesús regrese! ¡Será SOLO la familia de Cristo! La Biblia dice: "Pero Cristo, hijo que manda en su propia casa, en la cual estamos nosotros, con tal de mantenemos firme la confianza y entusiasmo de la esperanza hasta el final" (Hebreos 3:6). En otras palabras, si te has arrepentido de tus pecados y estás peleando la buena batalla de la fe, eres hijo o hija de Cristo. Jesús es el jefe de esta casa. Así que aquí está de nuevo en la historia de Noé; una precisa verdad profética de cómo se desarrollará el fin del mundo. ¡Solo una casa (una familia justa) será salvada de la destrucción, todo lo demás, todas las personas malvadas, perecerán! Y se salvará la familia del constructor (el constructor del lugar seguro): Noé construyendo el arca y Jesús el Cielo.

¡Y ahora, lo emocionante de la historia de Noé! Es impactante porque revela CUÁNDO sucederá el "arrebatamiento" de los creyentes. Fíjate en qué le sucede al arca durante el diluvio (recuerda que la familia de Noé está adentro). La Biblia dice: "Las aguas aumentaron, y alzaron el arca, que se elevó sobre la tierra" (Génesis 7:17). ¡Amigo, este es el "arrebatamiento" o "encuentro" de los creyentes en el aire! Es lo que la iglesia llama el "rapto". Pero están confundidos con el momento. Fíjate, ¡sucede AL MISMO TIEMPO que la familia de Noé se eleva en el arca y TODAS las personas malvadas en la Tierra son destruidas! En otras palabras, ¡no habrá tiempo para nadie cuando ocurra el "rapto"! Sabes qué significa esto: ¡NO hay rapto previo a la tribulación! ¡Es mentira y la historia de Noé lo demuestra!

¡Los creyentes serán "tomados" en el aire el MISMO DÍA que todas las personas malvadas en la Tierra perezcan! Pablo lo dice así:

Entonces, nosotros que estamos vivos y permanecemos [es decir, aquellos de nosotros que todavía estamos vivos y que permanecemos en la Tierra tras haber sobrevivido milagrosamente por tres años y medio del reinado del Anticristo] seremos arrebatados junto con ellos en las nubes ["Ellos" son los que ya murieron en Cristo; regresarán con Jesús] para encontrarse con el Señor en el aire: y así estaremos siempre con el Señor (I Tesalonicenses 4:17)

45

Todo este evento en la Biblia se llama "reunión", pues todos los creyentes en 6 mil años de la Tierra se reunirán en ese último día. Aquellos que ya murieron regresarán con Cristo y aquellos de nosotros que aún estamos vivos y permanecemos en la Tierra seremos arrebatados en el aire para la reunión. Jesús confirmó cuándo la "reunión" tendrá lugar: "Inmediatamente después de la [Gran] Tribulación (...) enviará a sus ángeles con un gran sonido de trompeta y reunirán juntos sus elegidos de los cuatro vientos, desde un extremo de cielo al otro" (Mateo 24:29-31). Entonces, todo sucederá DESPUÉS de la Gran Tribulación del Anticristo de tres años y medio mencionada en Mateo 24:21.

Y aquí está la prueba final en la historia de Noé de que la "reunión" (y el fin del mundo) sucederá a los 6 milenios de la Tierra y no unos siete años antes. La Biblia registra: "Noé tenía seiscientos años cuando las aguas del diluvio vinieron a la tierra" (Génesis 7:6). ¡Guau! ¿Lo entiendes? ¡amigo, Dios controló cuidadoso la edad de Noé para que tuviera seiscientos años cuando ocurriese la inundación a fin de profetizar a escondidas que el fin del mundo tendrá lugar a los seis milenios de la Tierra! Entonces, así como una familia de personas buenas (la de Noé) fue "arrebatada" a salvo en el aire mientras un mundo de personas impías perecía en una inundación, todo cuando Noé tenía seiscientos años, así también una familia de personas buenas (la de Cristo) será "arrebatada" a salvo mientras un mundo de personas impías perece en un aluvión de fuego, todo esto cuando la tierra cumpla 6 mil años. Amigo, te estoy diciendo la verdad; la historia de Noé, el arca y el diluvio global era/es una profecía futura sobre el fin del mundo, la cual se cumplirá perfectamente en el regreso de Jesucristo a los 6 mil años de la Tierra en el año 2028 d.C.

Una voz me despertó alrededor de las 8 am el 27 de febrero de 2008 explicándome todas las cosas que les estoy contando sobre la historia de Noé. Como puedes imaginar, ¡mi mente estaba alucinada! ¡nunca antes había escuchado algo así en mi vida! ¡ninguna iglesia me enseñó estas cosas! Pero las escribí en el capítulo de Noé de mi libro *Prueba bíblica innegable que Jesucristo regresará al planeta Tierra exactamente 2 mil años después del año de su muerte* y es uno de los capítulos más fascinantes. No tengo tiempo en este breve libro para contarte todo sobre la historia, pero sí en el otro. ¡Así que búscalo y léelo!

Señalaré brevemente una cosa más: ¡la historia de Lot y la destrucción de Sodoma y Gomorra contiene el MISMO mensaje profético del fin del mundo de la historia de Noé! En otras palabras, también es una profecía incumplida sobre el fin del mundo. Por lo tanto, también pasará en el día del regreso de Cristo. Y esta información está en el capítulo sobre Lot de mi otro libro. Ten en cuenta que en esta historia sucede lo mismo: una familia de personas buenas (Lot, su esposa y sus dos hijas) son "arrebatados" por los ángeles fuera de Sodoma (una imagen de la "reunión") EL MISMO DÍA que todas las personas malvadas son calcinadas por el fuego.

Y lo que es realmente genial es que cuando Jesús vino, en realidad confirmó que las historias de Noé y Lot eran parábolas proféticas sobre su regreso. Y si escuchas atento sus palabras, oirás que él confirma qué día ocurrirá el "arrebatamiento" (o el rapto). Su argumento fue: "El mismo día que Lot salió de Sodoma llovió fuego y azufre del cielo y los mató a todos. Así será el día en que el Hijo del Hombre se manifieste" (Lucas 17:29-30). ¿Lo ves? Creo que el Espíritu Santo llevó a Cristo a decir esas palabras exactamente así, de modo que el debate de si el "rapto" será anterior o posterior a la Tribulación termina aquí. ¡El "arrebatamiento" es la "reunión" y sucederá EL MISMO DÍA que todas las personas malvadas en la Tierra serán destruidas! ¡Será al final! No sucederá siete años antes del final. ¡Es mentira!

Amigo, cuando el arrebatamiento de los creyentes pase, ¡eso es todo! ¡no hay tiempo para reconciliarse con Dios! ¡se acabó! Cuando se cumplan los seis milenios, la superficie del planeta será completamente destruida con un aluvión de fuego, como Pedro nos dice: "El día del Señor vendrá como lo hace un ladrón en la noche; los cielos crujirán con un gran ruido, y los elementos se derretirán con un calor hirviente, la tierra también y las obras serán quemadas" (II Pedro 3:10). ¡Mira, es el cumplimiento de la historia de Lot y la destrucción de TODAS las personas malvadas por el fuego!

Ahora escucha, la Iglesia de hoy es una gran ignorante de estas verdades parabólicas, y por lo tanto no las predica. No entiende que se acerca una extinción masiva el día del regreso de Cristo, igual que en las historias de Noé y Lot. ¡No tienen idea! ¡Entonces no vas a escuchar estas verdades de ellos! Pero ahora sabes la verdad de lo que vendrá y cuándo lo hará, la historia de Noé lo cuenta: ¡en el año 6000 de la Tierra, en 2028!

48

Y una última cosa: después de que el fuego se haya apagado y todas las personas malvadas sean aniquiladas, Dios regenerará la superficie del planeta Tierra en un paraíso glorioso, donde sentará de nuevo a todas las personas buenas reunidas, como la familia de Noé se sentó nuevamente en la Tierra después del diluvio global. ¡Y entrarán en el glorioso milenario reinado sabático de Jesucristo cumpliéndose la historia del séptimo día sabático de la creación!

Ahí lo tienes. Ahora sabes QUÉ PROFETIZÓ DIOS en el día dos de la creación sobre el segundo milenio de la Tierra y POR QUÉ fue tan importante. ¡Rezo para que haya sido una bendición! En la próxima, vamos a revelar lo que Dios profetizó en el día tres de la creación sobre el tercer milenio de la Tierra, ¡y te prometo que será tan fascinante como el día dos!

CAPÍTULO 6

Día Tres de la Creación
Moisés y la Separación del Mar Rojo

Bien, ahora estamos en el día tres de la creación. ¿Qué eventos profetizó Dios con respecto al tercer milenio de la Tierra? ¿estás listo? ¡Él profetizó la separación del Mar Rojo! Si recuerdas, esta es la historia donde Moisés extendió sus brazos y el Mar Rojo se partió. Es el evento donde los israelitas fueron liberados, mientras que los egipcios perecieron en el mar. "Bueno, está bien", dirás, "recuerdo esa historia, ¿pero cuál es el problema? ¿Por qué Dios querría profetizar en ese evento?"

Escucha atento: ¡eso es porque LA ESCENA COMPLETA de Moisés "estirando sus brazos" en el Mar Rojo es en sí misma una profecía sobre la muerte de Cristo! ¡cuando Moisés extiende sus brazos, simboliza al mesías Cristo Jesús extendiendo SUS brazos en la cruz, muriendo por nosotros! Así como la historia de Noé es una parábola profética sobre la segunda venida de Cristo, la historia de Moisés es también una parábola profética sobre la primera venida de Cristo.

Ahora, esto es lo que DE VERDAD va a volar tu mente. Al igual que Dios escondió un detalle secreto del tiempo en la historia de Noé para profetizar que el regreso de Cristo ocurrirá a los 6 mil años de la Tierra (¿recuerdas que Noé tenía seiscientos años cuando llegaron las inundaciones?), bueno, también escondió un detalle secreto en la historia de Moisés para predecir que la muerte de Cristo ocurriría en el año 4000 de la Tierra ¡Alucinante!

Bien, profundicemos en esto. Veamos primero cómo Dios profetizó la separación del Mar Rojo en el día tres de la creación y luego probaremos usando la Biblia que este evento ocurrió, sin duda, durante el tercer milenio de la Tierra. La narración dice así:

Y Dios dijo: <u>Que las aguas debajo del cielo se junten en un solo lugar, y que aparezca la tierra seca</u>. Así fue.

Y Dios llamó a la tierra seca tierra; y la reunión de las aguas mares. Dios vio que era bueno.

Y Dios dijo: Que la tierra produzca hierba, hierba que produzca semilla, y que el árbol frutal según su especie produzca fruto, cuya semilla está en su interior, sobre la tierra. Así fue.

Y la tierra produjo hierba, hierba que da semilla según su especie, y el árbol que da fruto, cuya semilla está en su interior según su especie. Dios vio que era bueno.

Y atardeció y amaneció y pasó el <u>tercer</u> día. (Génesis 1:9-13)

Entonces, ¿dónde está la profecía? En la línea "Que <u>las aguas</u> debajo del cielo <u>se junten en un solo lugar, y que aparezca la tierra seca</u>." (Génesis 1:9). Amigo, estas palabras predijeron a escondidas la separación del Mar Rojo porque durante ese evento las aguas del Mar Rojo se juntaron y apareció la tierra seca.

La Biblia registra la historia de esta manera:

> Moisés extendió su brazo sobre el mar y con un fuerte viento del oriente el Señor hizo que el mar retrocediera toda la noche e hizo que el mar se secara (...) Y los hijos de Israel se metieron en medio del mar sobre tierra seca (Éxodo 14:21-22)

¡Ahí está tu verso revelador! ¿Lo ves? ¡El mar se convirtió en tierra seca!

Y luego está este versículo (¡solo un libro más tarde!) que aún habla sobre el evento del Mar Rojo: "Y con el soplo de tu nariz <u>las aguas se juntaron</u>, las olas se levantaron como una muralla, y los torbellinos se congelaron en el corazón del mar" (Éxodo 15:8). ¡Guau! ¿Ves la precisión de Dios para confirmar el cumplimiento de la profecía que dijo en el día tres de la creación? ¡Literalmente son las MISMAS PALABRAS! ¡En ambos casos, las aguas SE JUNTARON y apareció la TIERRA SECA! ¡Es impresionante! Éxodo 14:21-22 y Éxodo 15:8 son los versos de cumplimiento de lo que Dios había profetizado en Génesis 1:9 [Ver Figura 6]. Te estoy diciendo la verdad, ¡Dios profetizó la separación del Mar Rojo en el tercer día de la creación!

En fin, demostraré que este evento ocurrió durante el tercer milenio de la Tierra. Increíblemente, Dios continuó registrando las edades de nacimiento de los patriarcas en el libro del Génesis para que lo supiéramos. Entonces, si observamos nuestra tabla

[Figura 7] esta vez comenzando con Noé, veremos que él tenía quinientos años cuando tuvo a Sem (en el año 1556 después de la creación). Luego, dos años después del diluvio, Sem tuvo Arfaxad (en el año 1658). Y si sigues esto, en Génesis 11 aprenderás que Abraham fue el vigésimo padre de Adán, nacido en 1948, cerca del final del segundo milenio de la Tierra.

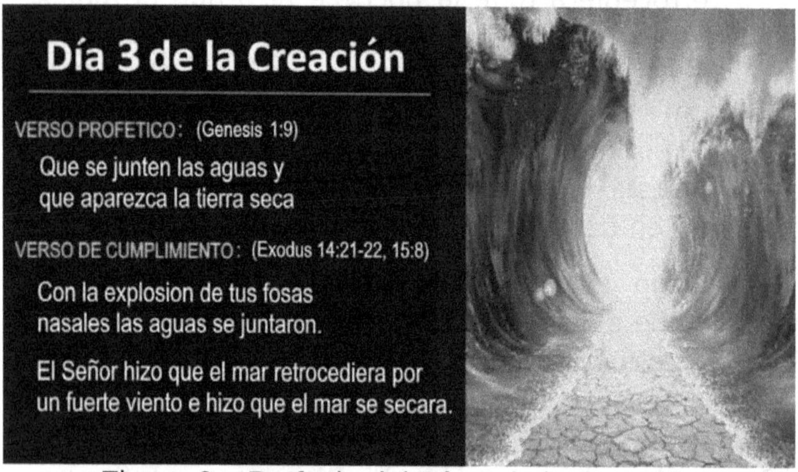

Día 3 de la Creación

VERSO PROFETICO: (Genesis 1:9)
Que se junten las aguas y
que aparezca la tierra seca

VERSO DE CUMPLIMIENTO: (Exodus 14:21-22, 15:8)
Con la explosion de tus fosas
nasales las aguas se juntaron.

El Señor hizo que el mar retrocediera por
un fuerte viento e hizo que el mar se secara.

Figura 6 – Profecia del Día 3 de la Creación

Abraham tenía entonces cien años cuando tuvo a Isaac, año 2048 (¡ahora estamos en el tercer milenio de la Tierra, que abarca desde los años 2000 a 3000!), Isaac tenía sesenta años cuando tuvo a Jacob, y Dios cambió el nombre de Jacob a Israel. Los hijos y descendientes de Jacob terminaron en Egipto cuando tenía ciento treinta años, en el año 2238 de la Tierra. El Éxodo sucedió cuatrocientos años después, en 2638, Así, no hay dudas al respecto: toda la historia de los israelitas y la separación del Mar Rojo sucedió en el tercer milenio.

Genealogía de Génesis 11 a Éxodo

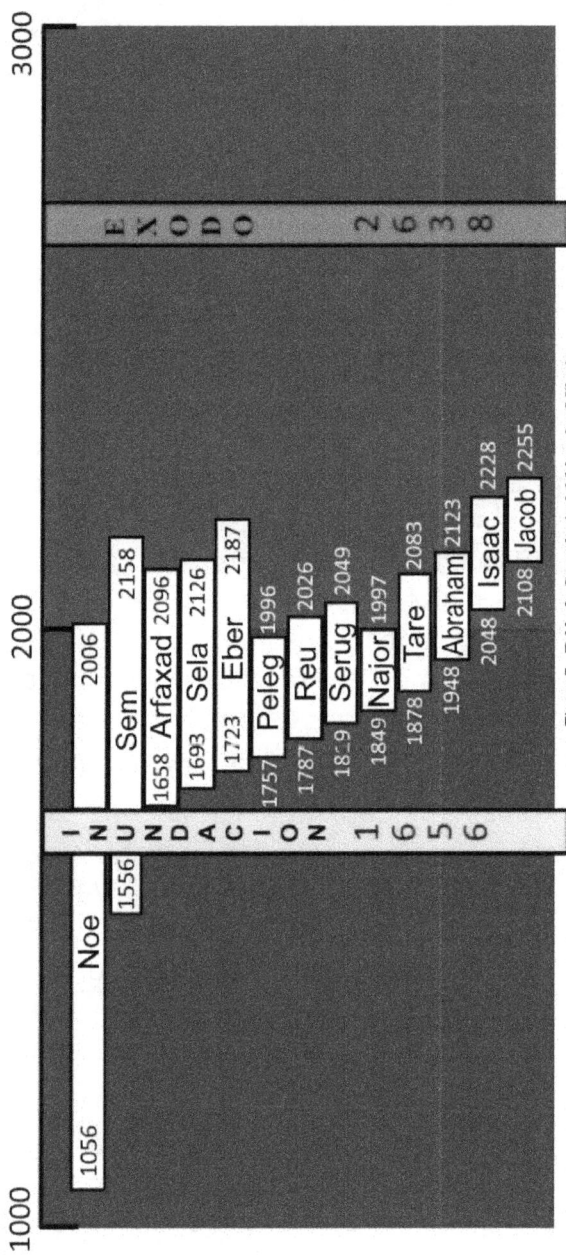

Figura 7 - Tabla de Genealogía del 2do y 3er Milenio

Y escucha, sé que hay desacuerdos en el conteo de años de la fecha del Éxodo. Pero los desafío (porque los he visto): todos están de acuerdo con este hecho. TODA la historia de Moisés y los israelitas sucedió en el tercer milenio. Esta verdad es innegable desde la Biblia. Entonces, sin duda, Dios profetizó la separación del Mar Rojo en el día tres de la creación y sin duda ocurrió en el tercer milenio, ¡cumpliéndose perfectamente las palabras de Dios!

Muy bien, ¿cuál es el problema? ¿por qué la separación del Mar Rojo es el MAYOR evento que Dios ha planeado en el tercer milenio de la Tierra? Es como te dije antes. El evento en sí previene lo más grande que jamás ha ocurrido: ¡la muerte del Mesías en la cruz! ¡Escucha, lo que Dios hizo por los israelitas a través de Moisés en el Mar Rojo es una analogía de lo que Dios haría por nosotros a través de Jesús en la cruz! Permíteme decir eso otra vez: ¡lo que Dios hizo por los israelitas a través de Moisés en el Mar Rojo fue una profecía de lo que Dios hizo por nosotros a través de Jesús en la cruz!

¡Amigo, es una parábola! La historia de los israelitas es una parábola profética. Ahora, no me malinterpretes, ¡es una historia REAL! Sí sucedió en esta tierra! Dios controló cuidadoso la historia (sus acontecimientos y detalles) para que tuviera un significado parabólico y así poder entregar un mensaje futuro a la humanidad.

Entonces, como es una parábola, déjame decirte qué representa cada cosa en la historia. El reino de Egipto representa el Reino de las Tinieblas, el faraón representa a Satanás. En consecuencia, el faraón gobernando Egipto simboliza a Satanás en el Reino de las Tinieblas. Los israelitas en la historia nos representan, a toda la humanidad. Moisés representa a Jesús (el Mesías que viene) y la Tierra Prometida en la historia representa el Cielo (donde se puede tener vida eterna). Ahora escucha atentamente. El propósito de Dios para crear esta historia (esta parábola de la vida real) fue revelar este mensaje: TODO LO QUE NECESITAMOS (LA HUMANIDAD) PARA OBTENER LA VIDA ETERNA. ¡De eso se trata la historia! ¡Ese es su mensaje! Literalmente, Dios creó esta historia sobre la esclavitud de los israelitas en Egipto, la liberación a través de Moisés y el viaje por el desierto a una Tierra Prometida con el propósito de entregar a la humanidad el mensaje de TODOS los mensajes: ¡todo lo necesario para que obtengamos la vida eterna!

¡Entonces ese es el mensaje de salvación de Dios! ¡Es la historia central de Dios en la Biblia! Los 66 libros de las Santas Escrituras señalan su intención y verifican su verdad. Este conocimiento está ausente en la Iglesia de hoy y por eso abundan las doctrinas demoníacas de salvación. ¡Te prometo que si aprendes el mensaje de Dios detrás de esta historia, nunca más tendrás conflictos entendiendo la salvación! ¡Tendrás una oportunidad sincera de obtener la vida eterna! Todo lo que tenemos que hacer es aprender lo que hicieron los israelitas para llegar a la Tierra Prometida y así sabremos todo lo que se necesita para llegar al cielo.

Echemos un vistazo a lo que primero nos pasó a nosotros (la humanidad): cuando Adán y Eva pecaron en el Jardín del Edén, por la coerción de Satanás, inmediatamente cayeron bajo la esclavitud del pecado, resultando en su muerte (recuerda que Dios dijo: "Coman del árbol prohibido y morirán"). Entonces, en ese momento Satanás se convirtió en el dios de este mundo y fue él quien nos retuvo (a la humanidad) como esclavos de ese pecado y la muerte. A partir de ese momento, ¡TODOS pecamos! Y como la "paga del pecado es la muerte" (Romanos 6:23), entonces teníamos cero esperanzas de obtener la vida eterna. ¡Así que no hay cielo! ¡no hay vida eterna! Todos moriríamos en esta tierra e iríamos al infierno. Era una situación desesperante y horrible, ¡fuimos esclavos del pecado y la muerte bajo el poder de Satanás!

Al mirar la historia de los israelitas, Dios estableció esta misma situación esclavizando a los israelitas en Egipto bajo el poder del faraón (recuerda que el faraón representa a Satanás y los israelitas nos representan a nosotros). De esta forma, los capataces del faraón vencieron a los israelitas, obligándolos a realizar trabajos forzados, a morir. Oh, los israelitas soñaban con la Tierra Prometida. Ellos querían llegar allí. ¡Pero no tenían oportunidad! El faraón y su ejército egipcio eran demasiado fuertes (recuerda, la Tierra Prometida en la historia representa el Cielo). En fin, los israelitas jamás serían liberados y nunca llegarían a la Tierra Prometida. Todos morirán en Egipto. Es un espejo exacto de nuestra situación: los israelitas esclavizados bajo el poder del faraón son una metáfora de nosotros esclavizados bajo el poder de Satanás. No tenían ninguna esperanza de llegar a la Tierra Prometida por su cuenta y por ende nosotros no teníamos la esperanza de llegar al Cielo por nuestra cuenta.

Entonces, ¿qué hizo Dios por los israelitas? El les envió un libertador. ¡Un salvador! ¡El hombre Moisés! Recuerda, Moisés representa a Jesús en esta historia. En resumen, Moisés es el hombre con el que Dios trabajará para liberar a los israelitas del poder del faraón, abriendo un camino para que puedan llegar a la Tierra Prometida. ¡Toda esta labor de Moisés es profética! ¡Es una profecía! ¡Moisés es una imagen de nuestro libertador, nuestro Salvador, el hombre Jesús! ¡Dios obró a través de Moisés para presagiar cómo obrará a través de Jesús a fin de liberarnos del poder de Satanás, abriendo un camino para que podamos llegar al Cielo!

Así pues, voy a saltarme mucho de la historia, que puedes leer en el capítulo de Moisés de mi libro (capítulo 9) *Prueba bíblica innegable que Jesucristo regresará al planeta Tierra exactamente 2 mil años después del año de su muerte,* porque quiero ir directo a la escena del Mar Rojo, la escena final de la liberación, la separación, que precisamente presagió la obra de Cristo en la cruz.

En la historia pasan estas cinco cosas:

#1 Moisés extiende sus brazos
#2 El mar Rojo se divide
#3 Faraón y el poder de su ejército son destruidos
#4 Los israelitas son salvos
#5 Se abre un camino a la Tierra Prometida

Estas son las cinco predicciones:

#1 Jesús estiraría sus brazos en una cruz.
#2 El velo del templo se dividiría
#3 Satanás y el poder de su demonio serían destruidos
#4 La humanidad se salvaría

#5 Se abriría un camino al cielo

Entonces, en el #1, LOS BRAZOS EXTENDIDOS, Dios le dijo a Moisés: "Levanta tu bastón y extiende tu brazo sobre el mar y divídelo, así los hijos de Israel atravesarán el medio del mar en tierra seca" (Éxodo 14:16). Esto representaba la forma en que Jesús nos libraría: con los brazos extendidos en una cruz.

En el #2, LA SEPARACIÓN DEL MAR ROJO, dice: "Moisés extendió su brazo sobre el mar y con un fuerte viento del oriente el Señor hizo que el mar retrocediera toda la noche e hizo que el mar se secara" (Éxodo 14:21). Esto representa la división del velo del templo cuando Cristo murió en la cruz. El velo del templo conduce al Lugar Santísimo, el lugar donde habita Dios. ¡Así que esto simboliza que se estaba abriendo un camino de regreso a Dios!

En el #3, EL PODER DEL FARAÓN SIENDO DESTRUIDO, dice: "Y Moisés extendió su brazo sobre el mar (...) Entonces las aguas volvieron y cubrieron los carros, los jinetes y todo el ejército del faraón. No quedó mucho de ellos" (Éxodo 14:27-28). Esto representa la completa victoria de Jesús ante Satanás cuando Cristo murió en la cruz. La Biblia dice: "A través de su muerte, Jesús destruyó al que tenía el poder de la muerte, es decir, el diablo" (Hebreos 2:14). Amigo, el poder de Satanás sobre nosotros fue destruido en el momento en que la legítima muerte de Cristo PAGÓ nuestra deuda con el pecado. Recuerda, la "paga del pecado es la muerte", ¡pero Jesús nunca pecó! ¡Pagó una sentencia de muerte por un pecado que no debía! Y ahora SU LEGÍTIMA MUERTE ESTÁ A DISPOSICIÓN DE TODA LA HUMANIDAD para pagar nuestra sentencia. ¡Así se destruyó el poder mortal de Satanás sobre nosotros!

En el #4, LOS ISRAELITAS SE SALVAN, la Biblia dice: "Así el Señor <u>salvó</u> a Israel ese día de la mano de los egipcios, e Israel vio a los egipcios muertos en la orilla del mar" (Éxodo 14:30). Esta imagen de Dios nos SALVÓ de la mano de Satanás con la muerte de Cristo en la cruz. La Biblia dice: "Él [Jesús] nos ha salvado y nos ha llamado con un llamado santo" (II Timoteo 1:9).

Y en el #5, EL CAMINO HACIA LA TIERRA PROMETIDA, ¡creo que ya lo entiendes! ¡Los israelitas eran libres! ¡El poder del enemigo sobre ellos había sido destruido! ¡El camino a la Tierra Prometida ahora estaba abierto para ellos! Cuando Cristo murió por nosotros, ¡fuimos libres! ¡El poder del enemigo sobre nosotros fue destruido! ¡El camino al Cielo ahora está abierto para nosotros y la legítima muerte de Cristo lo hizo posible!

Ahí lo tienes. ESE es el poderoso mensaje de Dios detrás de la historia de los israelitas, Moisés y la separación del Mar Rojo. Una parábola que se trata de NUESTRO Mesías, Cristo Jesús, y de lo que haría por nosotros en la cruz. ¡Es por eso que fue el mayor evento del tercer milenio de la Tierra y Dios quiso profetizar al respecto en el día tres de la creación!

Pero hay un detalle más (un detalle pequeño e insignificante) que quiero contarte sobre la historia del israelita, ¿por qué? ¡porque en realidad es masivo! ¡Dios planeó este detalle para profetizar en secreto EL AÑO DE LA MUERTE DE CRISTO en la cruz! Cientos de años antes, Dios le había contado a Abraham sus planes para la historia de los israelitas diciendo:

Ten por seguro que durante cuatrocientos años tus descendientes serán extraños en una tierra que no es la suya y que allí serán esclavizados y maltratados. Pero castigaré a la nación a la que sirven como esclavos y luego saldrán con gran riqueza (Génesis 15:13-14)

¡Oh, Dios mío! ¿Lo ves? ¡Dios liberó a los israelitas de Egipto cuando Moisés extendió sus brazos en el Mar Rojo después de cuatrocientos años de esclavitud! ¡Amigo, Dios planeó que este número correspondiese con la profecía que nos libraría, cuando Jesús extendió sus brazos en la cruz, después de haber estado esclavizados por 4 mil años! En otras palabras, ¡Cristo murió por nosotros (en la cruz) en los 4 mil años solares de la Tierra contados desde la creación!

Es como la historia de Noé: ¡Dios usó CIENTOS de años en ambas historias (ambas parábolas) para profetizar el TIEMPO! Noé tenía seiscientos años cuando pasó el diluvio para profetizar el regreso de Cristo a los 6 mil años. De la misma manera, los israelitas fueron liberados después de cuatrocientos años de esclavitud para profetizar que Cristo nos liberaría después de 4 mil años de esclavitud. Te estoy diciendo la verdad. ¡Jesucristo murió en la cruz a los 4 mil años de la Tierra! Y ese año fue el año 28 d.C. en nuestros calendarios gregorianos, de lo cual te hablaré en el capítulo 9.

Ahora, antes de terminar este capítulo, quiero señalarte una última verdad en la historia (parábola) del israelita, ¿por qué? ¡porque esta es la parte más importante de la historia para entenderla! La "más dura" de la historia, cuando los israelitas VIAJAN para llegar a la Tierra Prometida. ¡Esta parte contiene TODAS LAS RESPUESTAS A LO QUE DEBEMOS HACER para llegar al Cielo! ¿Leíste bien? ¡La moraleja de la historia está en lo que NOSOTROS (¡no Dios!) DEBEMOS HACER para obtener la vida eterna! ¡Fíjate en que Dios hizo su parte con Moisés en el Mar Rojo! Ese fue su regalo gratis. ¡Esa fue su gracia! ¡Pero ahora es NUESTRO TURNO de hacer nuestra parte!

Entonces, ¿sabes cuál era? Es la razón de la escena del Sinaí en la historia. Solo cincuenta días después del evento del Mar Rojo, Dios reunió a los israelitas en la base del Monte Sinaí y les dictó con estruendo los diez mandamientos. Y luego Él dijo: "Cuidarán que se cumplan estos diez mandamientos que les mando hoy, así podrán vivir (...) y entrar y poseer la Tierra Prometida" (Deuteronomio 8:1). ¡Guau! De NO cumplirlos, Dios dijo: "Juré en mi ira que no entrarán en mi descanso en la Tierra Prometida" (Hebreos 3:11). ¡Guau! Amigo, escúchame, ¡cumplir los diez mandamientos SIEMPRE ha sido NUESTRO DEBER para obtener la vida eterna! ¿Recuerdas que en el capítulo 4 aprendimos que cuando Adán y Eva comieron del Árbol del conocimiento del bien y el mal aprendieron los diez mandamientos? ¡Entonces toda la humanidad los ha conocido! Eso significa que todos hemos tenido la opción de obedecerlos o no.

Entiende, ¡obtener la vida eterna es un viaje! ¡Es un paseo! ¡No es una decisión única! ES UN CAMINO ESTRECHO que lleva a la vida que pocos siguen. ¿Por qué? ¡Porque NO quieren vivir una vida de amor a Dios y a los demás como describen los diez mandamientos! ¿Crees que estoy mintiendo? Escucha la respuesta de Jesús cuando un hombre le preguntó: "Buen maestro, ¿qué debo hacer [no Dios] para obtener la vida eterna?" Él dijo: "(...) si quieres obtener la vida eterna, cumple los diez mandamientos" (Mateo 19:16-19). En otra ocasión simplemente respondió: "¡Ama a Dios con todo tu corazón y ama a tu prójimo como a ti mismo, haz esto y vivirás!" (Lucas 10:27-28). Amigo, estas dos respuestas son una y la misma, porque "amar a Dios con todo tu corazón" y "amar a tu prójimo como a ti mismo" se logra SOLAMENTE cumpliendo los diez mandamientos de amor.

Aquí está el trato, amigo: ¡Jesús sabía de qué se trataba la historia de los israelitas en el Antiguo Testamento! ¡Sabía su mensaje parabólico! Sabía que la "parte ruda" de la historia contenía la respuesta de lo que NECESITAMOS HACER para obtener la vida eterna (llegar a la Tierra Prometida). ¡Necesitamos arrepentirnos, apartarnos de nuestros pecados! (Mateo 4:17) ¡Tenemos que ir y no pecar más! (Juan 8:11) Será una pelea, la BUENA pelea de fe (I Timoteo 6:12). Será un viaje continuo de "trabajar nuestra propia salvación con temor y temblor" (Filipenses 2:12). Salomón confirmó esto cuando escribió: "Teme a Dios y guarda Sus mandamientos [los diez del amor]: porque este es todo el deber del hombre" (Eclesiastés 12:13).

Bueno amigos, no sé cómo decirlo de otra forma, ¡la historia de la esclavitud de los israelitas en Egipto, la liberación a través de Moisés y el viaje por el desierto a una Tierra Prometida es una parábola de la vida real! Fue creada por Dios a fin de revelar todo lo necesario para que nosotros (la humanidad) obtengamos la vida eterna. Cubría el deber de Dios en el Mar Rojo y cubre nuestro deber en el desierto. AMBOS son necesarios para entrar en la Tierra Prometida (obtener la vida eterna). Hemos creado un sitio web completo para explicarte todo esto cuidadosamente: la llamamos con cariño www.10lovecommandments.com (en inglés). En este sitio encontrarás una video serie de doce partes titulada *Ecuación de salvación* que explica el mensaje de Dios detrás de la historia del israelita y mucho más. Si ves este seminario, serás completamente libre de las doctrinas demoníacas de salvación que circulan desenfrenadas en las iglesias de hoy. Después mira la serie *Los diez mandamientos de amor* para que entiendas cómo TODO pecado se basa en la desobediencia de los diez mandamientos y cómo TODO amor implica obedecerlos. Juntos, estos dos seminarios aclararán todo sobre la salvación. ¡Nunca volverás a confundirte!

En fin, eso es todo. Ahora tienes una comprensión básica del mensaje parabólico de Dios detrás de la historia de la esclavitud de los israelitas en Egipto, la liberación a través de Moisés y el viaje por el desierto a una Tierra Prometida. Y ahora sabes POR QUÉ la separación del Mar Rojo fue tan significativa. ¡Y también sabes cómo Dios profetizó en esta historia que la muerte de Cristo ocurriría a los 4 mil años de la Tierra! Así que, en general, ¡no deberías tener ningún problema ahora para comprender POR QUÉ Dios profetizó la separación del Mar Rojo en el tercer día de la creación! ¡Nada más grande sucedió en el tercer milenio de la Tierra!

Bien, en el próximo capítulo te mostraré las palabras proféticas que Dios escondió en la narración del cuarto día de la creación para profetizar el mayor evento que tendrá lugar en el cuarto milenio de la Tierra. Este milenio duró de los años 3000 a 4000. ¿Ya lo ves? ¡Acabas de aprender que Jesús murió en la cruz a los 4 mil años de la Tierra! Eso significa que Jesucristo vivió toda su vida durante el cuarto milenio. Entonces, ¿qué crees que Dios profetizó en el cuarto día? ¡Creo que ya lo sabes!

CAPÍTULO 7

Día Cuatro de la Creación
Juan Bautista y Cristo Jesús

Recuerda, cada día de la creación (24 horas) predice un milenio futuro, y en cada día Dios escondió palabras que profetizan el evento más grande que había planeado en el milenio correspondiente. Así, hemos llegado al día cuatro de la creación, el cual predijo el cuarto milenio de la Tierra que abarca de los años 3000 al 4000. ¿Qué profetizó Dios en los eventos de este día sobre su futuro milenio? Anticipó la venida del precursor (Juan Bautista) y el Mesías (Cristo Jesús). Así es, en el día cuatro de la creación Dios predijo sobre Juan Bautista y Jesús, de quienes dijo que vivirían sus vidas terrenales en el cuarto milenio de la Tierra. En otras palabras, ¡ambos vivirían y morirían en algún momento entre los años 3000 y 4000!

Antes veamos la narrativa de la creación y te diré cómo lo hizo Dios. Luego te demostraré (usando la Biblia) que Juan Bautista y Jesús vivieron y murieron en el cuarto milenio de la Tierra. Entonces la narración del cuarto día de la creación se lee así:

> Y Dios dijo: Que haya luces en el firmamento del cielo para separar el día de la noche; que sean señales, estaciones, días y años.
>
> Y que sean como luces en el firmamento del cielo para alumbrar sobre la tierra. Así fue.
>
> Y <u>Dios hizo dos grandes luces</u>; <u>la luz mayor para gobernar el día y la luz menor para gobernar la noche</u>: también hizo las estrellas.
>
> Y Dios los puso en lo alto del firmamento del cielo para alumbrar sobre la tierra,
>
> Y para gobernar sobre el día y la noche, para separar la luz de la oscuridad. Dios vio que era bueno.
>
> Y atardeció y amaneció y pasó el <u>cuarto</u> día. (Génesis 1:14-19)

Entonces, ¿dónde está oculta la profecía? En la línea "Dios hizo dos grandes luces; la <u>luz mayor</u> para gobernar el día [que era el Sol] y la <u>luz menor</u> para gobernar la noche [que era la luna]" (Génesis 1:16). Amigo, estas palabras anticipan a Jesús y Juan Bautista porque, más adelante en su Palabra, Dios definiría (etiquetaría) a Jesús como la luz mayor (igual al Sol) y a Juan Bautista como la luz menor (igual a la luna).

Escucha cómo el Espíritu Santo llevó al apóstol Juan a comparar a Juan Bautista y a Jesús con los astros:

> Hubo un hombre enviado de Dios que se llamaba Juan [este es Juan Bautista]. Vino para ser un testigo, para dar testimonio de la luz (...) Él no

era esa luz, pero fue enviado a dar testimonio de esa luz. Esa fue la verdadera luz [ahora está hablando de Jesús] que ilumina a cada hombre que viene al mundo. Él ya estaba en el mundo, el mundo que fue hecho por él, el mundo que no lo reconoció. (Juan 1:6-10)

¿Ves aquí que el apóstol Juan se refiere tanto a Juan Bautista como a Jesús como luces? El llama a Jesús la luz verdadera, como Jesús mismo dijo: "Yo soy la luz del mundo" (Juan 8:12). Y se refiere a Juan Bautista como una luz por el hecho de que "da testimonio" de la luz de Jesús. Bueno, ¿te das cuenta de que es igual que la relación entre la luna y el Sol en nuestro mundo físico? La luna no es una verdadera fuente de luz, no emana su propia luz. Pero el Sol sí, él es una fuente de luz verdadera. ¡En resumen, la luna es una fuente de luz SOLO porque da testimonio de la del Sol! Literalmente, refleja la luz del Sol. Por lo tanto, la luna es una luz, pero menor que el Sol. Y esto es exactamente lo que el Espíritu Santo llevó a escribir al apóstol Juan sobre Juan Bautista y Jesús: Juan Bautista no era esa luz, pero fue enviado a dar testimonio de ella. Esa luz, la verdadera, era Jesús.

Entonces Dios confirmó aquí que Juan Bautista es la luz menor (como la luna) y Jesús la mayor (como el Sol). De hecho, incluso hay un versículo de las Escrituras que se refiere a Jesús como el Sol, sí, el S-O-L. Malaquías escribió: "Pero a los que temen mi nombre, el Sol de la Justicia se levantará y sus alas traerán sanidad" (Malaquías 4:2). ¿No es asombroso? ¡el "Sol de Justicia" de este versículo se refiere con claridad a Jesús!

Pero aquí viene lo más sorprendente. En los Evangelios, Dios usó dos veces los adjetivos "mayor" y "menor" al referirse a Jesús y a Juan Bautista respectivamente. ¡Esto es alucinante! Escucha, en la Biblia no hay mucho registro de las cosas que dijo Juan Bautista; sin embargo, esta es una de ellas: "Él [Jesús] debe hacerse más grande [mayor] y yo disminuir [hacerme menor]" (Juan 3:30). ¿Me estás tomando el pelo? ¡amigo, Juan estaba hablando aquí de Jesús! ¡Jesús debe hacerse mayor y Juan Bautista menor! ¡las luces mayores y menores! ¿no es asombroso? ¡el Espíritu Santo llevó a Juan Bautista a decir esas palabras! ¿por qué? Dios quería que se registraran en la Biblia para confirmar el cumplimiento de la profecía del cuarto día de la creación: las luces mayores y menores habían llegado a la escena mundial.

Luego tenemos estas palabras de Jesús sobre Juan Bautista:

> Él [Juan Bautista] era una luz ardiente y brillante: y ustedes estuvieron dispuestos a regocijarse una temporada en su luz. Pero tengo un testigo mayor que Juan; pues las obras que el Padre me ha dado para que termine, las mismas obras que hago, dan testimonio de mí, que el Padre me ha enviado (Juan 5:35-36)

¡Guau! ¿Lo ves de nuevo? Esta vez Dios llama directamente a Juan Bautista una luz, pero luego dice que la luz de Jesús es mayor a la de Juan (su testigo). ¡Alucinante! ¡las luces mayores y menores! Entonces Juan 1:6-10, 3:30 y 5:35-36 son los versos reveladores de lo que Dios profetizó en Génesis 1:16 [Ver Figura 8]. Te estoy diciendo la verdad. Dios profetizó la venida de Juan Bautista y Jesucristo en el cuarto día de la creación.

Día 4 de la Creación

VERSO PROFETICO: (Genesis 1:16)
Dios hizo dos grandes luces: la luz mayor y la luz menor

VERSO DE CUMPLIMIENTO: (John 1:6-10, 3:30, 5:35-36)
John fue enviado a dar testimonio de esa luz.
El debe ser mayor, yo debo ser menor.
John era una luz ardiente y brillante, pero tengo un mayor testigo que John.

Figura 8 – Profecia del Día 4 de la Creación

Así, déjame explicarte cómo Dios demostró que Juan Bautista y Jesús vivieron sus vidas en el cuarto milenio de la Tierra, cumpliéndose perfectamente la profecía del día cuatro de la creación. Como sabemos, el cuarto milenio termina con el año 4000, entonces esto es lo que Dios hizo: ¡Él profetizó que el Mesías (Jesucristo) MORIRÍA (en la cruz) en el año 4000 de la Tierra! Es cierto que profetizó este hecho diez veces en la Biblia, en breve veremos seis de ellas. Luego, Dios registró que Jesús ascendió al Cielo cuarenta días después de su resurrección (Hechos 1:3), y dado que eso fue solo tres días tras su muerte, Cristo dejó el planeta Tierra cuarenta y tres días después de su muerte. Así que esto demuestra que todavía era el año 4000 cuando dejó la Tierra. En otras palabras, Dios no dejó ninguna duda al respecto en Su Palabra de que Jesús vivió toda su vida terrenal (aproximadamente 33

71

años) durante los últimos años del cuarto milenio. Vivió quizás desde el año 3967 hasta el 4000, ¡y entonces se fue! Y luego para demostrarnos que Juan Bautista hizo lo mismo, Dios registró en la Biblia su nacimiento (el mismo año que el de Cristo) y después la impactante historia de su muerte (su decapitación) ocurrida ANTES de la muerte de Jesús. ¡Así pues, fue así de simple! ¡Juan Bautista y Jesús (las luces menores y mayores) vivieron y murieron en el cuarto milenio de la Tierra, en perfecto cumplimiento de la profecía del día cuatro de la creación por Dios! ¡asombroso!

Así que echemos un vistazo ahora a las seis veces que Dios profetizó que el Mesías (Cristo Jesús) moriría por nosotros durante el año 4000. Primero las enumeraré, luego hablaremos brevemente de cada una. Y cuando terminemos, verás que NO se puede negar que Jesucristo fue crucificado en Jerusalén el mismo año en que el planeta Tierra estaba haciendo su viaje número 4000 alrededor del Sol desde la creación. Bien, aquí vamos:

#1 El asesinato del capataz egipcio
#2 Las instrucciones sobre el cordero pascual
#3 La liberación en el Mar Rojo
#4 La historia de Sansón
#5 Las dimensiones del altar del templo
#6 La resurrección de Lázaro

Muy bien, la profecía #1 (El asesinato del capataz egipcio) cuenta otra vez la historia de Moisés. Ya hablamos todo acerca del mensaje parabólico de Dios detrás de esta anécdota en el capítulo 6 de este libro. Si lo recuerdas, sabrás que Moisés representa a Jesús. Fue enviado por Dios para destruir el poder de Egipto sobre los israelitas, presagiando cómo Jesús destruiría el poder de Satanás sobre nosotros. Pero lo que no te dije fue que Dios dejó una metáfora mini profética en el incidente de Moisés matando al capataz egipcio (antes del evento del Mar Rojo).

La historia dice así: "Cuando Moisés tenía 40 años, se le ocurrió visitar a sus hermanos, los hijos de Israel. Y viendo que uno de ellos sufría, lo defendió, y se vengó del oprimido, e hirió al egipcio" (Hechos 7:23-24). Amigo, ¿ves la edad de Moisés cuando sucedió esto? ¡tenía 40 años! Ahora, vamos, sabes tan bien como yo que pudo haber sido cualquier número; 32, 38, 44 años, o cual sea. De hecho, ni siquiera era necesario registrar la edad de Moisés en este evento. Es decir, a quién le importa, ¿verdad? Pero no, amigo, ¡Dios estaba profetizando! ¡Dios quería que Moisés destruyera el poder del capataz egipcio sobre el israelita cuando tuviera 40 años exactos porque esto anticipa que Jesús destruirá el poder de Satanás sobre nosotros cuando la Tierra tenga 4000 años precisos! ¡Guau!

Así, la profecía #2 (Las instrucciones sobre el cordero pascual) también es parte de la historia de Moisés. Dios envió diez plagas en el reino de Egipto para obligar al faraón a liberar a los israelitas. La décima fue la plaga de la muerte. Para escapar de ella, Dios ordenó a los israelitas que mataran un cordero y esparcieran su sangre en los postes de sus puertas. Cuando el Ángel de la Muerte vio la sangre, pasó por la casa y no mató a nadie adentro. Ahora escucha, todo este escenario del cordero también fue concebido por Dios para profetizar acerca del Mesías venidero (Cristo Jesús). Jesús fue el sacrificio, el cordero de Dios.

Entonces, Dios le dio a los israelitas ocho instrucciones específicas respecto a su cordero pascual, ¡TODAS ellas profecías adicionales sobre Jesús! En fin, cuando Jesús llegó a la escena mundial, ¡cumplió literal con las ocho instrucciones que Dios le había dado a los israelitas respecto a su cordero pascual!

Puedes aprender sobre esto en el capítulo sobre Moisés de mi libro *Prueba bíblica innegable que Jesucristo regresará al planeta Tierra exactamente 2 mil años después del año de su muerte*, pero por ahora solo quiero centrarme en dos de las instrucciones. Dios ordenó a los israelitas: "En el <u>décimo día</u> de este mes, llevarán cada uno un cordero (...) y lo mantendrán hasta el <u>día catorce</u> del mismo mes. Entonces toda la comunidad de la congregación de Israel lo matará en la tarde" (Éxodo 12:3-6). En resumen, ¿un período de CUATRO DÍAS desde el momento en que eligen su cordero hasta el momento en que lo sacrifican? ¿entiendes lo que esto significa? ¡estos cuatro días reflejan los primeros cuatro días en la historia de la creación, representando proféticamente 4 mil años en el tiempo! En otras palabras, pasarían cuatro días (4 mil años) desde que Cristo fue elegido como nuestro Mesías hasta que fue sacrificado. Pedro nos informó: "Fuiste redimido (...) con la preciosa sangre de Cristo, un cordero sin mancha ni defecto. Elegido <u>antes de la creación del mundo</u>" (I Pedro 1:18-20). Guau, cuidadosamente escondido en las instrucciones el día de la elección de los israelitas y el de la muerte del cordero, Dios profetizó que sería un período de cuatro días (es decir, 4 mil años) desde que se eligió al Cordero de Dios (antes de la creación del mundo) hasta cuando fue sacrificado (en la cruz), ¡gloria a Dios!

Muy bien, entonces la profecía #3 (La liberación en el Mar Rojo) es todo lo que discutimos la última vez en el capítulo 6. Aprendimos que Dios liberó a los israelitas en el Mar Rojo (a través de los brazos extendidos de Moisés) tras estar esclavizados durante CUATROCIENTOS AÑOS. De esta manera, Dios predijo, una vez más, que Jesús nos libraría de nuestra esclavitud de 4 mil años al morir en la cruz (con los brazos extendidos). ¡De nuevo, Jesús murió en el año 4000 de la Tierra! Vuelve a leer el capítulo 6 de este libro para conocer el fascinante mensaje de Dios detrás de esta historia. ¡Ningún predicador debería vivir sin esta verdad!

Okey, la profecía #4 (La historia de Sansón) es como la historia de Moisés, es una parábola profética real sobre la primera venida de Cristo. Sansón nació para liberar a los israelitas de la esclavitud de los filisteos. Entonces, Sansón es otro hombre de Dios como profecía sobre Jesús. Su nacimiento fue sobrenatural, más adelante fue traicionado por dinero. En la escena final de la liberación se paró con los brazos extendidos entre dos pilares del Templo de los filisteos, con todos los gobernantes filisteos dentro, y pidiendo fuerza a Dios por última vez, gritó: "¡Déjame morir con los filisteos!". Después empujó los pilares y el edificio se derrumbó. Y Sansón murió entre los escombros, pero miles de gobernantes filisteos también, liberando a los israelitas de su enemigo. ¡Todo esto simbolizó proféticamente a nuestro libertador, Jesús, estirando sus brazos en una cruz y muriendo por nosotros, liberándonos de nuestro enemigo, Satanás!

Pero aquí está el detalle del momento profético en la historia de Sansón: "Entonces los hijos de Israel hicieron el mal otra vez ante los ojos del Señor, y el Señor los entregó en mano de los filisteos cuarenta años" (Jueces 13:1). ¡Guau, ahí está de nuevo! Amigo, DIOS ENVIÓ A SANSÓN PARA LIBERAR A LOS ISRAELITAS después de ser esclavos durante cuarenta años. ¡Todo para profetizar, una vez más, que DIOS ENVIARÍA A JESÚS PARA LIBERARNOS tras ser esclavizados por 4 mil años! En otras palabras, una vez más, Cristo murió por nosotros (en la cruz) a los 4 mil años. ¿Comienzas a ver cómo todas estas historias en la Biblia, todos sus pequeños números y acontecimientos, son proféticos? ¿no es asombrosa la Biblia?

Okey, seguimos con la profecía #5 (Las dimensiones del altar del templo). Esto es simple. Dios le dio a Salomón las dimensiones para construir el altar del templo, lugar donde se sacrificarían todos los corderos, todos ellos representaciones de Jesús, quien será EL VERDADERO CORDERO SACRIFICIAL DE DIOS. Bueno, aquí están las dimensiones: "Salomón hizo un altar de bronce de 20 codos de largo, 20 codos de ancho y 10 codos de alto" (II Crónicas 4:1). Multiplicando estos tres números juntos (largo x ancho x alto) obtendremos el volumen del altar del templo. Entonces, ¿cuánto es 20x20x10? ¡4 MIL CODOS CÚBICOS! ¡Dios quería que el volumen del altar del Templo fuera 4 mil codos cúbicos! ¿por qué? ¡porque esto predice la "plenitud del tiempo" cuando el Mesías (el verdadero Cordero de Dios) sería sacrificado por nosotros en el año 4000 de la Tierra! Pablo escribió: "Cuando llegó la plenitud del tiempo, Dios envió a Su

Hijo Jesús" (Gálatas 4:4). ¡Guau! Esta "plenitud del tiempo" predice la "plenitud del volumen" del altar del templo: ¡cuatro mil!

Okey, la profecía #6 (La resurrección de Lázaro) es la historia en la que Jesús resucitó a un hombre muerto (Lázaro). Este milagro fue realizado por Jesús solo unas semanas antes de su muerte. ¡Esto significa que ya era el año 4000! El planeta ya estaba haciendo su viaje número cuatro mil alrededor del Sol (contando desde la creación) cuando ocurrió este milagro. ¿Pero estás listo para esto? ¡Esta historia también es una profecía! ¡Dios controló esta historia (solo semanas antes de la muerte de Cristo en la cruz) para profetizar una vez más (una última vez) que Jesús moriría por la humanidad a los 4 mil años de la Tierra!

Tras pedir Jesús que la piedra de la tumba de Lázaro fuera rodada, Marta le informó cuánto tiempo había estado muerto el hombre: "Señor, a estas alturas hay un hedor [apesta] porque ha estado muerto <u>cuatro días</u>" (Juan 11:39). ¡Guau! ¡ahí está de nuevo! ¡los primeros cuatro días de creación! Al volver Lázaro a la vida, después de estar muerto durante cuatro días, Dios profetiza: "Las almas de la humanidad estarían muertas al pecado por cuatro días [o 4 mil años] hasta que el Mesías moriría por ellos en la cruz, dándoles vida de nuevo". ¡Absolutamente alucinante! Solo unas semanas después, se cumplió la historia profética de Lázaro, así como las otras seis profecías que te acabo de revelar cuando Jesús murió en la cruz por nosotros.

Así que ahí lo tienes: Dios profetizó seis veces en su Palabra que Jesucristo moriría en la cruz en el año solar 4000. ¡A veces usó el número 4, el 40, el 400 e incluso el 4 mil para profetizar esta verdad! ¡Es sorprendente lo que Dios ha hecho en su Palabra! No puede negarse que JESUCRISTO MURIÓ POR NOSOTROS (en la cruz) A LOS 4 MIL AÑOS de la Tierra y dejó el planeta ese mismo año solo cuarenta y tres días después. Entonces Jesús vivió toda su vida terrenal durante el cuarto milenio (años 3967-4000) cumpliéndose la profecía de la luz mayor del día cuatro de la creación.

Y en cuanto a Juan Bautista, la "luz menor", la historia de su muerte se encuentra en Mateo 14. Y no voy a citarla aquí, pero sí te diré lo que hizo Jesús cuando se enteró de la decapitación de Juan: "Cuando Jesús escuchó lo que había sucedido, se retiró en un bote privado a un lugar solitario" (Mateo 14:13). Amigo, ¡existe la prueba de que Juan Bautista murió ANTES que Jesús! En otras palabras, Dios no dejó ninguna duda al respecto: Juan Bautista también vivió y murió en el cuarto milenio de la Tierra, cumpliéndose perfecta la anécdota de la luz menor dictada en el día cuatro de la creación. ¡Qué increíble!

Y para ayudarte a comprender cuán extraordinario es todo esto, ten en cuenta que poco se cuenta acerca de la muerte de otras personalidades en el Nuevo Testamento como Zacarías e Isabel, María y José, los discípulos de Jesús, y así sucesivamente. Entonces, ¿por qué Dios registraría la muerte de Juan Bautista en la Biblia? ¿por qué no dejar que eso sea un misterio como la muerte de todos los demás? ¡porque es una profecía, mi amigo! ¡una profecía! Dios tenía que plantear una profecía por cumplir. La luz menor fue creada en el día cuatro de la creación, prediciendo que

Juan Bautista viviría y moriría durante el cuarto milenio de la Tierra. ¡No podía vivir hasta el quinto milenio! Y así, Juan murió joven porque Dios lo necesitaba de esa forma. Y se nos cuenta la historia de su muerte para que todos sepamos que ¡Dios siempre será fiel al cumplimiento de Su Palabra!

Bueno, rezo para que esto haya sido una bendición para ti. ¡Aprender la verdad de que Jesús murió por nosotros (en la cruz) en el año 4000 de la Tierra (28 d.C.) nos permite saber que el sexto milenio (2028 d.C.) aún no ha llegado! ¡nos permite saber que el plan maestro de Dios (siete días/siete milenios) todavía es vigente! ¿recuerdas que en el capítulo 3 te dije cómo los maestros profetas bíblicos de hoy han dejado de lado esta verdad? De alguna manera, se les ocurrió que Jesús NACIÓ en el año 4000. Pero si esto fuera así, significaría que vivió durante el quinto milenio de la Tierra (años 4000-4033). ¿Ahora ves que esto está mal? ¡no saben las verdades en este libro! No conocen la creación de la luz mayor por Dios ni que el día cuatro de la creación predijo que Jesús viviría y moriría durante el cuarto milenio de la Tierra. ¡Simplemente no lo saben!

Escucha, si tienes conexiones con alguno de estos maestros, envíales este libro. Es hora de que aprendan las profecías secretas de Dios en la Biblia. ¡Es hora de que todos lleguemos a la misma página! Si pudiéramos unirnos en un frente global, ¡podríamos GOLPEAR DURO AL DIABLO con la verdad profética de la Palabra de Dios! Realmente creo que tendríamos un avivamiento global si la información de este libro llegara a las manos de cada ser humano en la Tierra, ¡pero tenemos que unirnos! Mientras Satanás nos tenga a todos dispersos, cada quien diciendo lo nuestro, ¡nunca lograremos mucho! En fin, te pido con humildad, si conoces a alguno de estos maestros, por favor hazle llegar esta información. Estaremos agradecidos por siempre.

Muy bien, entonces tenemos dos días más de la historia de la creación por hablar: cinco y seis. En el próximo capítulo te voy a revelar las palabras ocultas de Dios (profecía secreta) en el quinto día de la Creación con respecto al más grande evento planeado durante el quinto milenio de la Tierra, el cual duró de los años 4000 a 5000. ¡Este es intenso, por lo que deberás ponerte las gorras del pensamiento!

CAPÍTULO 8

Día Cinco de la Creación
Espíritu Santo (Pentecostés)

Recuerda, en este libro estamos revelando las profecías que Dios escondió en CADA DÍA DEL GÉNESIS sobre el evento más grande que planeó en el milenio correspondiente. Nota: ¡estas no son pequeñas profecías sin sentido! No, fueron sin duda LOS EVENTOS MÁS GRANDES que Dios ha planeado en cada milenio. ¡Eso es lo que lo hace tan increíble! ¡Eso es lo que lo hace obviamente cierto!

En resumen, en el primer día de la creación, Dios profetizó la expulsión de Adán y Eva del Jardín del Edén (que tuvo lugar durante los primeros mil años de la Tierra, año 1). En el segundo día de la creación, Dios profetizó el diluvio global con Noé (que sucedió durante el segundo milenio de la Tierra, en el año 1656). En el tercer día de la creación, Dios profetizó la separación del Mar Rojo (que tuvo lugar durante el tercer milenio de la Tierra, en el año 2638). Y en el cuarto día de la creación, Dios profetizó sobre la vida de Juan Bautista y Jesús (sin duda ambos vivieron y murieron durante el cuarto milenio, dejando la Tierra por el año 4000). Así que solo piénsalo: ¡Dios sabía que todas estas cosas iban a suceder desde la creación del mundo! ¡maravilloso! Y el plan de Dios todavía se está llevando a cabo de forma perfecta, tal como lo profetizó a través de Isaías: "anuncio el final desde el principio, y de antemano, lo que no se ha cumplido todavía diciendo: Mi plan se llevará a cabo, porque cumpliré toda mi voluntad" (Isaías 46:10) ¡Guau!

Entonces, aquí estamos, el día cinco de la creación, el cual profetizó los eventos pendientes en el quinto milenio de la Tierra (desde el año 4000 hasta el 5000). Este milenio da inicio a los "últimos días" en el plan de seis días (o 6 mil años) de Dios antes del fin, el regreso de Cristo. ¡Piénsalo, son LOS ÚLTIMOS DOS DÍAS de un plan de seis días! ¡Literalmente, los últimos días! Entonces, cuando veas el término "últimos días" en la Biblia, desde ahora sabrás que representa un período de 2 mil años. Este se extiende desde el año de la muerte de Cristo (que fue el 4000 de la Tierra) hasta el de su regreso (que será en el año 6000). ¡Ese período son los "últimos días" a los ojos de Dios! Te mostraré un versículo de las Escrituras que probará este hecho. Pero solo comprende, ¡hemos estado viviendo los "últimos días" durante mucho tiempo porque este período de 2 mil años terminará en la Fiesta de las Trompetas en el año 2028!

Entonces, al mirar los eventos del día cinco de la creación, ¿qué profetizó Dios en relación con el quinto milenio de la Tierra? ¡Él profetizó el derramamiento del Espíritu Santo! El quinto milenio de la Tierra fue el comienzo de un nuevo y poderoso derrame del Espíritu Santo de Dios sobre la humanidad. Fue Jesús quien lo envió (el "Consolador", como él lo llamó), llegando con una nueva unción y verdad. Primero leamos la narrativa de la creación y luego te explicaré cómo Dios profetizó dicho hecho:

> Y Dios dijo: <u>Que en las aguas se produzcan en abundancia la criatura en movimiento con vida</u>, y en el firmamento abierto del cielo las aves que pueden volar sobre la tierra.
>
> Y Dios creó grandes ballenas y a cada criatura viviente que se mueve, las cuales se produjeron en abundancia en las aguas según su especie, y cada ave alada según su especie. Dios vio que era bueno.
>
> Y Dios los bendijo diciendo: Sean fructíferos y multiplíquense, llenen las aguas de los mares y dejen que las aves se multipliquen en la tierra.
>
> Y atardeció y amaneció y pasó el <u>quinto</u> día. (Génesis 1:20-23)

Entonces, ¿dónde está la profecía? En la línea "Que en las <u>aguas se produzcan en abundancia la criatura</u> en movimiento <u>con vida</u>" (Génesis 1:20). Amigo, estas palabras hacen referencia al Espíritu Santo (el Consolador) que comenzó a derramarse en el día de Pentecostés solo diez días después de que Jesús dejó el planeta Tierra.

Bien, para entender cómo estas palabras predijeron el derrame del Espíritu Santo, necesitamos aprender con qué lo comparó Dios. Jesús dijo:

> Si alguno tiene sed, que venga a mí y beba. El que cree en mí, como dice la Escritura, de su

vientre correrán ríos de agua viva. [Esto se refiere al Espíritu, quien recibirán aquellos que crean en él; porque el Espíritu Santo aún no había sido dado pues para entonces Jesús no había sido glorificado] (Juan 7:37-39)

Ah, ¿ves? ¡Dios comparó al Espíritu Santo con agua que da vida!

Bueno, esto es lo que dice la profecía del día cinco de la creación: "Que en las aguas se produzcan en abundancia la criatura en movimiento con vida". ¡Ves que el agua produce vida!, pero no solo eso, ¡da vida en abundancia! Bueno, Jesús también hizo esta conexión. Él dijo: "He venido para que tengan vida y la tengan en abundancia" (Juan 10:10). ¡Guau! Amigo, el Espíritu Santo es el que da esta vida abundante. Pero no solo eso, ¡observa que en la profecía de la creación es la "criatura" quien recibe vida! Escucha bien el mandato de Jesús a sus discípulos: "Vayan por todo el mundo y prediquen el Evangelio a toda criatura" (Marcos 16:15). ¡Son las mismas palabras exactas! En la historia de la creación, es el agua la que produce vida abundante, produce la criatura. Y esto es EXACTAMENTE lo que hace el Espíritu Santo: trae vida en abundancia a la criatura (que somos nosotros). El Espíritu Santo es el sello (o la garantía) en nosotros de que algún día obtendremos la vida eterna en el Cielo, ¡Y ESA SERÁ UNA VIDA ABUNDANTE!

Entonces Juan 7:37-39, 10:10 y Marcos 16:15 son los versos que revelan lo que Dios había profetizado en Génesis 1:20 [Ver Figura 9]. Te estoy diciendo la verdad, ¡Dios profetizó la venida del Espíritu Santo en el día cinco de la creación y se hizo realidad, justo a tiempo, al comienzo del quinto milenio de la Tierra! Y date cuenta, esto no fue un solo evento de cumplimiento. Claro, primero sucedió en el día de Pentecostés, diez días después de la ascensión de Cristo (que fue en el año 4000 de la Tierra), también puedes leer cómo sucede una y otra vez en el libro de Hechos, que narra los próximos treinta y cinco años de la historia de la Tierra. Así que no hay duda, la profecía del día cinco de la creación que dice "del agua donde se produce vida abundante" se cumplió continuamente durante el quinto milenio, que como dije antes también fue el inicio de los "últimos días" (¡los últimos dos días!) del plan de seis días para el planeta Tierra.

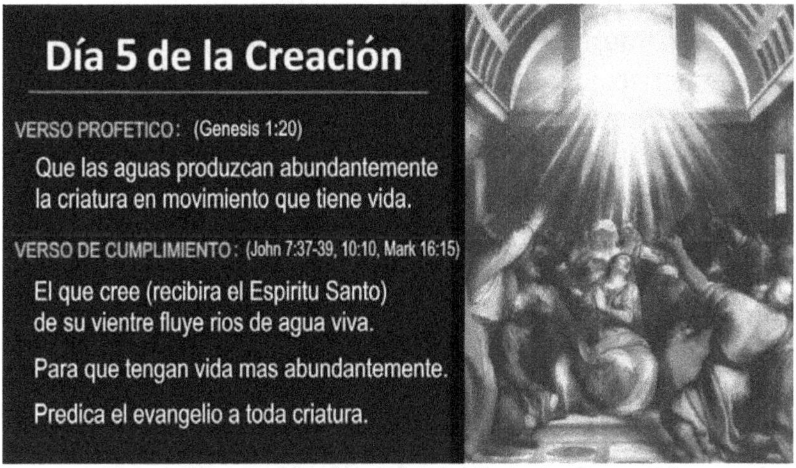

Día 5 de la Creación

VERSO PROFETICO: (Genesis 1:20)
Que las aguas produzcan abundantemente la criatura en movimiento que tiene vida.

VERSO DE CUMPLIMIENTO: (John 7:37-39, 10:10, Mark 16:15)
El que cree (recibira el Espiritu Santo) de su vientre fluye rios de agua viva.
Para que tengan vida mas abundantemente.
Predica el evangelio a toda criatura.

Figura 9 – Profecia del Día 5 de la Creación

Escucha lo que dijo Pedro cuando se puso de pie el día de Pentecostés (justo después de que el Espíritu Santo fue derramado por primera vez y la gente comenzó a hablar en idiomas distintos al suyo). Él dijo:

Compañeros judíos, escuchen atentamente lo que digo. Estas personas no están borrachas como suponen. ¡Son solo las nueve de la mañana! No, esto es lo que dijo el profeta Joel: "Y sucederá en los <u>últimos días</u>, dice Dios, cuando derramaré mi Espíritu sobre toda carne y sus hijos e hijas profetizarán". (Hechos 2:14-17)

¡Guau! ¿Lo viste? Pedro lo llamaba LOS ÚLTIMOS DÍAS. Eso es porque en ese entonces era el año 4000 de la Tierra, los últimos dos días (los últimos 2 mil años) en el plan de 6 mil años de Dios para el planeta Tierra habían comenzado.

Y estos últimos dos días son muy especiales a los ojos de Dios, ¿por qué? ¡porque conducen al regreso de Jesucristo! ¡conducen al tiempo de Satanás y sus demonios encerrados en el pozo sin fondo! ¡conducen a la Cena de las bodas del Cordero! ¡Conducen a Cristo a establecer su milenario reino sabático en la Tierra en cumplimiento del séptimo día en la historia del Génesis! ¡Y qué glorioso será ese tiempo, no más maldad, no más guerra, solo paz y amor por los santos resucitados por Dios! Como ves, sí, los últimos dos días (o 2 mil años) son MUY ESPECIALES a los ojos de Dios. Tan especiales que lo profetizó muchas veces en su Palabra. A continuación, te voy a contar acerca de cinco de estas profecías, revelándote cómo verifican que los últimos días albergan un período de dos milenios que va desde el año de la muerte de Cristo (el año solar 4000) hasta el de su retorno (a los 6000 años de la Tierra):

#1 La historia de los siete días de la creación
#2 La profecía de Oseas

#3 Parábola del buen samaritano
#4 El endemoniado de Gerasa
$5 Jesús aparece en el mar de Tiberíades

Muy bien, empecemos por la #1 (La historia de los siete días de la creación). ¡Esta es fascinante porque Dios no sólo profetizó la especialidad de los "últimos días" y su período de dos milenios, sino que al hacerlo también predijo que el Mesías moriría por nosotros a los 4 mil años de la Tierra! ¿entiendes? ¡te estoy diciendo que Dios profetizó que el Mesías (Cristo Jesús) moriría por nosotros a los 4 mil años desde la creación! ¿no es eso alucinante? ¿recuerdas en el capítulo 7 de este libro cuando revelé las seis veces en las que Dios profetizó en la Biblia que Jesús moriría por nosotros? Bueno, esta es la séptima, ¡pero en realidad fue la primera vez que Dios profetizó esta verdad!

Así que aquí está lo que hizo. Los días cinco y seis en la historia de la creación fueron los ÚNICOS DOS DÍAS en los que hubo vida, es decir, aquellas criaturas con "aliento de vida". Los peces del mar y las aves del cielo nacieron el día cinco, y saltando más adelante, las bestias del campo y nosotros (la humanidad) nacimos el día seis. Por lo tanto, de los días uno al cuatro en la historia de la creación NO HUBO VIDA. ¡De esta manera, Dios profetizó secretamente que LA HUMANIDAD ESTARÍA MUERTA TRAS PECAR durante cuatro días (o 4 mil años) hasta que el Mesías muriera en la cruz, dándonos vida! Después de eso, la humanidad viviría durante dos días (o 2 mil años) en la obra vital de Cristo. Por eso Dios creó la vida SOLO en los días cinco y seis en la historia del Génesis. Ahora da varios pasos atrás y medita el hecho de que desde la creación del mundo Dios predijo el AÑO DE LA MUERTE DEL MESÍAS, ¡el año 4000! ¡Guau!

Muy bien, entonces la #2 (La profecía de Oseas). Esta es simple. Esta es una profecía directa que confirma lo que Dios ya había anunciado en la historia de la creación, para ser específico, que DESDE LA MUERTE DE CRISTO HASTA SU REGRESO hay un período de dos días. Oseas escribió: "Iré y volveré a mi hogar hasta que reconozcan su ofensa y busquen mi rostro: en su aflicción me buscarán temprano (...) Después de dos días nos revivirá, al tercer día nos resucitará y viviremos delante de Él" (Oseas 5:15, 6:2). ¡Guau! Amigo, esta profecía fue escrita para los judíos a fin de predecir que habrá un período de DOS DÍAS desde la ascensión de Cristo (cuando "vuelva a su hogar") hasta su segunda venida en el momento de la "aflicción", durante el reinado del Anticristo. ¡Después de estos dos días (o 2 mil años) comienza el tercer día (del año 6000 al 7000) cuando "viviremos delante de Él" durante el hermoso reinado sabático de Jesucristo! Así que esta es una profecía directa que proclama sin lugar a dudas el tiempo transcurrido entre la ascensión de Cristo y su regreso, período de dos días (es decir, 2 mil años).

Okey, vamos con la profecía #3 (Parábola del buen samaritano). Esta es realmente genial. Esta es una parábola que Jesús dijo y que la primera Iglesia conocía. Dice así:

Cierto hombre bajó de Jerusalén a Jericó y cayó en manos de ladrones que lo despojaron de su ropa, lo hirieron y se fueron, dejándolo medio muerto (...) mientras viajaba, cierto samaritano lo vio donde estaba. Y cuando lo vio, tuvo compasión. Entonces fue hacia él y vendó sus heridas vertiendo aceite y vino; lo puso en su propio animal, lo llevó a una posada y lo cuidó. Al día siguiente, cuando salió, sacó dos denarios, se los dio al posadero y le dijo: "Cuídalo; y si gastas de más, cuando vuelva de nuevo te lo pagaré" (Lucas 10:30-35)

Este es el significado de la parábola: el hombre que bajaba de Jerusalén representa a Adán en el Jardín del Edén. Los ladrones que lo robaron y lo dejaron medio muerto representan a Satanás. Recuerda, cuando Adán pecó en el Jardín del Edén experimentó la primera muerte. La segunda muerte espera a todos los que NO se arrepientan. En otras palabras, Satanás (el "ladrón" que viene a matar) dejó a Adán medio muerto. Y entiende esto, todo lo que le sucedió a Adán en esta parábola aplica a TODOS NOSOTROS.

Entonces llega el buen samaritano, que representa a Jesús. El buen samaritano siente compasión del hombre medio muerto y hace todo lo posible para salvarlo. Esto representa a Jesús muriendo en la cruz por nosotros, dándonos una nueva oportunidad de vida. Pero entonces el buen samaritano le da al posadero dos denarios y se va diciendo: "Cuídalo (...), y cuando vuelva otra vez te lo pagaré". ¿Lo ves? Esto predijo que Jesús se iría, ¡pero que volvería otra vez!

Entonces, ¿dónde está la profecía en la parábola? ¡Está escondida en los DOS DENARIOS que Jesús le dio al posadero! En los días de Cristo, UN DENARIO representaba el salario promedio de un hombre por el trabajo de UN DÍA. Jesús incluso contó una parábola que confirma esta verdad en Mateo 20. Es la parábola de los trabajadores en el viñedo. Y si la lees, verás que a todos los trabajadores se les pagó un denario por el trabajo de un día. En fin, cuando el buen samaritano le dio al posadero DOS DENARIOS, indirectamente dijo: "¡Regresaré en DOS DÍAS!" ¡Guau! Entonces la parábola profetizaba: "¡Jesucristo regresará en dos días (o 2 mil años) desde el año en que se fue!" ¡Increíble! Por cierto, hicimos un video que explica mejor la parábola del buen samaritano. Puedes verlo visitando nuestro sitio web www.2028End.com (en inglés) haciendo clic en el enlace "confirmaciones" y luego visitando la página "Parábola del buen samaritano". ¡Lo prometo, será una bendición!

Okey, seguimos con la profecía #4 (El endemoniado de Gerasa). ¡Esto también es increíble! Esta es la historia en la que Jesús expulsa a una legión de demonios de un hombre salvaje que vive en las cuevas y estos huyen a una manada de cerdos. La historia se cuenta en Mateo 8, Marcos 5 y Lucas 8. Y si lees los tres relatos, obtendrás toda la verdad de la historia. En Mateo se dice que los demonios le gritaron a Jesús: "¿Qué quieres con nosotros, Hijo de Dios? ¿Has venido aquí para atormentarnos antes de tiempo?" (Mateo 8:29). ¡Guau! Amigo, estas palabras son la clave del mensaje de Dios detrás de este milagro. La mayoría de la gente no se da cuenta de esto, ¡pero los milagros de Jesús contenían mensajes! Jesús incluso dijo esto después de alimentar a los cinco mil: "¡Ustedes me buscan porque comieron el pan y tuvieron todo lo que querían, no porque entendieran mis milagros!" (Juan 6:26). ¡Guau!

Si recuerdas el capítulo 7 de este libro, te dije el mensaje secreto de Dios detrás del milagro de Jesús al resucitar a Lázaro: él estuvo muerto durante cuatro días antes de ser resucitado. Esta humanidad profetizada estuvo muerta por el pecado por cuatro días (o 4 mil años) hasta que Cristo nos dio la vida otra vez al morir en la cruz. ¡Mira, no fue solo un milagro! ¡El milagro contenía un mensaje!

Y tal es el caso del endemoniado de la historia de Gerasa. Jesús expulsó a los demonios fuera del hombre, como un milagro, y ellos entraron en una gran manada de cerdos que pastaban en una ladera cercana. Esto es lo que la Biblia registra: "Y los espíritus inmundos salieron del hombre y entraron en los cerdos, y esa manada corrió hacia un precipicio [acantilado] y cayó al mar debajo, alrededor de dos mil de ellos se ahogaron en el agua" (Marcos 5:13).

Amigo, esta escena fue una representación visual de lo que sucederá en el reino espiritual durante el regreso de Cristo a los 6 mil años de la Tierra. ¡En ese momento los demonios serán arrojados al pozo sin fondo! ¡Allí comenzará su tormento! Pero mira esto, Dios etiquetó a los cerdos como inmundos en el Antiguo Testamento. Los israelitas nunca deben comerlos. Entonces, ¿lo ves? Ver a los cerdos (o animales inmundos) caer sobre un acantilado a su destino más abajo es literalmente como ver a los demonios (o espíritus inmundos) caer en el pozo sin fondo en el momento del regreso de Cristo. Increíble, ¿cierto?

¿Pero dónde está la profecía? ¡amigo, está oculta en la cantidad de cerdos que perecieron! La historia registra que había alrededor de dos mil cerdos. Ahora, ¿por qué se incluiría este número? ¿a quién le importa? ¿por qué no decir simplemente "una gran manada de cerdos"? ¡porque Dios estaba profetizando! ¡y estos dos mil cerdos representan 2 mil años de tiempo! Ahora, ¿había exactamente dos mil cerdos? No lo sé. Dudo que alguien los haya contado. ¡Aunque no me sorprendería si lo hubieran hecho! Pero de cualquier manera, Dios quería este número "2000" en esta historia porque PREDIJO CUÁNDO LLEGARÁN LOS MOMENTOS DE TORMENTO, el tema al que aludieron los demonios en su pregunta inicial a Jesús: "¿Has venido aquí para atormentarnos <u>antes de tiempo</u>?". Y date cuenta de una última cosa sobre esta historia. Ya era el año 4000 cuando ocurrió este milagro. Entonces, los cerdos cayeron sobre el acantilado a su destino en los 4 mil años de la Tierra y por lo tanto el milagro profetizó con precisión el regreso de Cristo 2 mil años después, a los 6 mil años de la Tierra. ¡Absolutamente increíble!

Entonces la profecía #5 (Jesús aparece en el mar de Tiberíades) ¡también es realmente increíble! Después de la resurrección de Cristo, una noche, siete de sus discípulos fueron a pescar. No atraparon nada, pero en la mañana (mientras todavía estaban en el bote) una voz desde la orilla les gritó: "Lancen su red en el lado derecho del bote y atraparán un poco". Lo hicieron y su red milagrosamente se llenó de peces. Fue entonces cuando Juan le dijo a Pedro: "Es el Señor". Entonces Pedro saltó al agua y se dirigió a la orilla, mientras que el resto corrió tierra adentro con el bote y la red llena de peces. Pero cuando llegaron allí, la Biblia extrañamente registra esto: "Cuando aterrizaron, vieron un fuego de carbones encendidos allí con pescado y algo de pan".

¿Entonces Jesús ya tenía una comida esperándolos? ¿de qué se trata esto? ¡Amigo, la comida que Jesús había preparado para sus discípulos representa la Cena de bodas del Cordero! Puedes leer acerca de este banquete en el libro 19 del Apocalipsis, aunque también fue profetizado por Isaías en el Antiguo Testamento: "En esta montaña, el Señor Todopoderoso preparará un festín de comida rica (...) se tragará la muerte para siempre. El Señor Soberano enjugará las lágrimas de todos los rostros" (Isaías 25:6-8). Entonces, ¿cuándo va a suceder esto? ¡a los 6 mil años de la Tierra, justo después del regreso de Cristo! ¡Jesús preparará el matrimonio del Cordero para sus santos, tal como había preparado la comida en esta historia para sus discípulos!

Bueno, ¿dónde está el detalle profético en la historia? En este punto en apariencia pequeño: "Pero los otros discípulos [menos Pedro] entraron en el pequeño bote [porque no estaban lejos de la tierra, sino a unos 200 codos de distancia], arrastrando la red llena de peces" (Juan 21:8) ¿Lo ves? Cuando Jesús los llamó desde la orilla, ¡los discípulos estaban a 200 codos de distancia de él! ¡Estos 200 codos representan los 2 mil años que estuvieron lejos de verlo en la Cena de bodas del Cordero! ¡Guau! Date cuenta de que este milagro también tuvo lugar durante el año 4000 de la Tierra (después de la muerte y resurrección de Cristo) y, por lo tanto, también profetizó que Jesús regresaría 2 mil años después: ¡a los 6 mil años de la Tierra!

93

Así que ahí lo tienes. Él profetizó cinco veces en la Palabra de Dios que los "últimos días" serían dos días (es decir, un período de 2 mil años) entre el año de la muerte de Cristo (año 4000) y el año de su regreso (año 6000). Usó los números 2, 200 e incluso 2 mil para proclamar esta verdad. También usó el número "20", pero no tengo tiempo para meterme en todo eso. Si estudias el número "20" en la Palabra de Dios, verás que es su número para la "redención". Eso es porque Dios sabía desde la creación del mundo que la humanidad viviría durante 2 mil años en la completa obra redentora del Mesías hasta que se acerque su regreso, su redención final. Entonces, lo cierto es que Dios usó los números 2, 20, 200 e incluso 2 mil para profetizar los "últimos días", así como usó los números 4, 40, 400 y 4 mil para profetizar la muerte de Cristo en el año 4000 de la Tierra. ¡Es realmente notable lo que Dios ha hecho en Su Palabra!

Lo aún más fascinante para mí es que Dios adjuntó esta redención número veinte en mi libro *Prueba bíblica innegable que Jesucristo regresará al planeta Tierra exactamente 2 mil años después del año de su muerte.* Recibí este mensaje profético sobre los siete días de la creación por Dios Y ESCRIBÍ el libro (las dos cosas) en el año 2008, que fue veinte años desde el final. ¡Era literalmente el año 5980 de la Tierra cuando estuve escribiendo el libro! Entonces, era el plan de Dios revelar este increíble mensaje profético a la humanidad a solo veinte años del final. Mi libro tiene veinte capítulos. ¡Y como si fuese un milagro, cuando imprimí cinco mil copias del libro, llegaron veinte paquetes empaquetados en una caja con un peso de envío de 28 libras! ¡Eso es 20-28!

Amigo, nunca olvidaré la noche en que Dios me dio el título del libro en 2008, mostrándome escrito en forma de cruz: *Prueba bíblica innegable que Jesucristo volverá al planeta Tierra exactamente 2 mil años después del año de su muerte.* Luego, diez años después (en 2018) alguien me informó: "¿sabes que el título de tu libro contiene veinte palabras, si cuentas "2 mil" como "dos mil?"". ¡Oh, Dios mío! ¡me voló la cabeza! ¡no, no lo sabía! Y en el libro (en las páginas 106 y 200) incluso revelo cómo Dios unió el número "20" en la Biblia a la cruz, luego descubrí que Dios usó exactamente veinte palabras para el título de mi libro FORMANDO LA CRUZ EN LA CUBIERTA! ¡Absolutamente increíble!

Así que solo piensa, la portada muestra una cruz (que representa los 4 mil años de la Tierra) y una tierra ardiente detrás de ella (que representa los 6 mil años de la Tierra), mientras que veinte palabras forman la cruz y dicen el mensaje profético *Prueba bíblica innegable que Jesucristo regresará al planeta Tierra exactamente 2 mil años después del año de su muerte.* Entonces, las palabras mismas profetizan el regreso de Cristo 2 mil años después de su muerte, ¡y el número de palabras (veinte) hace lo mismo! ¡es como si Dios dijera la profecía dos veces! ¡esto es alucinante para mí! Amigo, no sé cómo decirlo, ¡Dios ha estampado Su firma (Su aprobación) en todo ese libro! Si alguna vez quisiste saber si un libro vino de Dios, ¡es ese! ¡Dios quiere que lo leas! La Palabra de Dios dice: "Mi pueblo perece por falta de conocimiento" (Oseas 4:6) y sé sin lugar a dudas que ese libro (escrito por el Espíritu Santo) contiene el conocimiento que podría ayudar a salvarlo, si tan solo lo escuchan (lean) y lo apliquen a sus vidas.

Bien, ahora ya sabes lo que Dios profetizó en el día cinco de la creación sobre el quinto milenio de la Tierra. Se trataba de la nueva unción del Espíritu Santo que llegó, el "agua" que da vida abundante a la criatura. En fin, en el próximo capítulo hablaremos sobre el día seis en la historia de la creación, que predijo el sexto milenio de la Tierra, que abarca desde los años 5000 hasta 6000. Este es el milenio que terminará con el regreso de Jesucristo, ¡y ahora mismo estamos en la última década de esta era! Así que voy a revelarte lo que Dios profetizó acerca de este sexto milenio (¡algo que aún no ha sucedido!) y también cómo sabemos que el año 6000 de la Tierra será en el año 2028 d.C., ¡así que sigue leyendo!

CAPÍTULO 9

Día Seis de la Creación
Anticristo y Marca de la Bestia

El día seis de la semana de la creación predice el sexto milenio de la Tierra, que va desde los años 5000 a 6000. Y así como Dios escondió una profecía en cada uno de los primeros cinco días de la creación, la cual pronostica el evento más grande que tendrá lugar en su respectivo milenio, así también Dios escondió una profecía secreta en el día seis que pronostica el evento más grande que tendrá lugar en el sexto milenio de la Tierra. ¡Y ese evento fue la llegada del Anticristo y la Gran Tribulación! Entonces, primero leamos la narrativa de la creación y luego te diré cómo hizo esto Dios:

Y Dios dijo: Que la tierra produzca criaturas vivientes, ganado, reptiles y bestias según su especie. Así fue.

Y Dios hizo la bestia de la tierra según su especie, el ganado según su especie y todo lo que se arrastra sobre la tierra según su especie. Dios vio que era bueno.

Y Dios dijo: Hagamos al hombre a nuestra imagen y semejanza, que tenga dominio sobre los peces del mar, sobre las aves del aire, sobre el ganado, sobre toda la tierra y sobre cada cosa que se arrastra sobre la tierra. Entonces Dios creó al hombre a su propia imagen (...) hombre y mujer los creó.

Y Dios los bendijo y les dijo: Sean fecundos, multiplíquense, repongan la tierra y domínenla, dominen cada cosa viviente que se mueva sobre la tierra.

(...) Y Dios vio todo lo que había hecho y, he aquí, fue muy bueno. Y atardeció y amaneció y pasó el sexto día. (Génesis 1: 24-31)

Okey, entonces, ¿dónde está la profecía en todo esto? Está en varios lugares. En la línea "Dios hizo la bestia" (Génesis 1:25) y en estas: "Dios dijo: Hagamos al hombre a nuestra imagen y semejanza (...) Entonces Dios creó al hombre a su propia imagen" (Génesis 1:26-27). También en estas: "que tenga dominio sobre los peces del mar, sobre las aves del aire, sobre el ganado, sobre toda la tierra (...) domínenla: tengan dominio sobre cada cosa viviente que se mueva sobre la tierra" (Génesis 1:26-28). Amigo, todas estas líneas predijeron la llegada del Anticristo y la Gran Tribulación. ¿Cómo?, preguntarás. ¡Porque en la Palabra de Dios el Anticristo es descrito como una bestia que será un hombre, quien dominará sobre toda la Tierra!

El Anticristo es llamado una bestia quince veces en Apocalipsis 13: "Y adoraron a la bestia diciendo: ¿Quién es semejante a la bestia? ¿Quién puede combatir con él?" (Apocalipsis 13:4); pero al mismo tiempo la Biblia revela que será un hombre: "El que tenga entendimiento, que cuente el número de la bestia, porque es el número de un <u>hombre</u> y su número es seiscientos sesenta y seis" (Apocalipsis 13:18). La Biblia dice que este hombre dominará toda la Tierra: "Y le fue concedido hacer la guerra contra los santos y vencerlos; y se le dio poder sobre todas las familias, lenguas y naciones" (Apocalipsis 13:7). ¡Guau!

¿Lo ves? El Anticristo será un hombre, como una bestia, que gobernará sobre todos los seres vivos que se mueven sobre la Tierra. Y, amigo, esto es EXACTAMENTE lo que Dios profetizó en el día seis de la creación: ¡Dios hizo la bestia, y luego hizo al hombre, y le ordenó a este que gobernara sobre todos los seres vivos que se mueven sobre la Tierra! La palabra "imagen" que se usa en el día seis también tiene una carga profética. Tal como dice "Dios creó al hombre a su propia imagen", dándole vida; así también el Anticristo proclamará que "<u>él</u> es Dios" y creará un hombre a SU propia imagen (llamada la imagen de la bestia) a quien le dará vida: "Y tenía poder para dar vida a la imagen de la bestia para que hablase" (Apocalipsis 13:15). ¡Guau! ¡entonces las palabras "Dios creó al hombre a su propia imagen" eran profecías sobre la "imagen de la bestia" que crearía el Anticristo! Así que está perfectamente claro: Dios profetizó la venida del Anticristo en el día seis de la creación, quien vivirá durante el sexto milenio de la Tierra (es decir, en algún momento entre los años 5000 y 6000).

¡Afortunadamente, la Biblia nos dice CUÁNDO y por cuánto tiempo exacto reinará! Dice que se le concederán los últimos cuarenta y dos meses (tres años y medio) justo antes de que Jesucristo regrese, lo que ocurrirá a los 6 mil años de la Tierra: "Y le fue dada una boca que hablaba blasfemias y se le dio poder para continuar cuarenta y dos meses" (Apocalipsis 13:5). Después de esto, JESÚS DESTRUIRÁ AL ANTICRISTO en su regreso, la Fiesta de las Trompetas en el 2028: "Entonces a aquel sin ley [el Anticristo] será revelado por el Señor quien le pondrá fin a su venida" (II Tesalonicenses 2:8). Entonces la Biblia es clara: el dominio del Anticristo durará un período de tres años y medio entre los años 5997 a 6000. ESTE SERÁ EL TIEMPO DE LA GRAN TRIBULACIÓN, que corresponde a los años 2025 a 2028 d.C en nuestro calendario. ¡Es decir que el Anticristo reinará los últimos cuarenta y dos meses (tres años y medio) del sexto milenio de la Tierra, cumpliéndose de forma PERFECTA la profecía del día seis de la creación por Dios!

Entonces, Apocalipsis 13:4,7,18 son literalmente los versos reveladores (pendientes por cumplirse) en relación con lo que Dios profetizó en Génesis 1:25-28 [Ver Figura 10]. Trata de comprender esta verdad: ¡hay profecías en el PRIMER CAPÍTULO de la Biblia (Génesis 1) que aún NO se han cumplido! ¡se cumplirán en los próximos diez años! ¿no es asombroso? Hay tantos que dicen "¡El Antiguo Testamento ha terminado!", ¡no! Amigo, ¡la Biblia está llena de profecías desde la primera hasta la última página! ¡Está todo vigente y bien! ¡En verdad, el testimonio de Jesús es el espíritu de profecía!

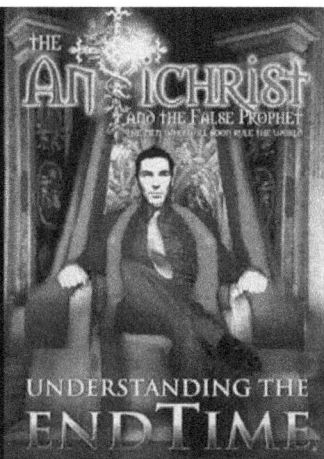

Día 6 de la Creación

VERSO PROFETICO: (Genesis 1:25-28)

Dios hizo a la bestia y al hombre a su imagen. Que el hombre tenga dominio sobre toda la tierra.

VERSO DE CUMPLIMIENTO: (Revelation 13:1-18)

Y adoraban a la bestia ... se le dio poder sobre todas las familias, lenguas y naciones

Tenia poder para dar vida a la imagen de la bestia ... cuenta el numero de la bestia: porque es el numero de un hombre

Figura 10 – Profecia del Día 6 de la Creación

Bien, bien, ahora quiero revelarte los momentos en la Palabra de Dios donde Él profetizó que el "fin" llegará en el año 6000 de la Tierra. Y como sabemos que el Anticristo reinará tres años y medio antes, esto demuestra que el tiempo del Anticristo será durante el sexto milenio de la Tierra. Primero enumeraré esos pasajes y luego hablaremos brevemente de cada uno.

#1 La historia de los siete días de la creación
#2 La historia de Noé
#3 La profecía de Job
#4 La imagen dorada de Nabucodonosor
#5 Jesús en el monte de la transfiguración

Muy bien, comencemos por el #1 (La historia de los siete días de la creación). Discutimos esto en el capítulo 3 de este libro. "Dios anuncia el fin desde el principio" al usar la palabra "fin" en la historia de la creación: "Y en el séptimo día Dios terminó el trabajo que había hecho y descansó ese día" (Génesis 2:2). Estas palabras profetizan que DESPUÉS DE SEIS DÍAS

101

(es decir, 6 mil años) ¡Dios pondrá fin a su creación! ¿cómo va a hacer esto? Al quemar toda la superficie del planeta Tierra durante el regreso de Cristo: "El Señor Jesús se manifieste desde el Cielo con sus poderosos ángeles en llamas ardientes vengándose de los que no conocen a Dios" (II Tesalonicenses 1:7-8).

Amigo, ¡en ESTE DÍA ocurrirá el rapto (reunión)! De hecho, ¡es la ÚNICA RAZÓN por la que Dios necesita "arrebatar" a sus fieles, para que Su pueblo no se queme en el fuego! ¡el fuego es la ira de Dios y Su pueblo (los vivos y restantes) NO tiene que ver con esa ira! ¡Dios anunció que este "fin" vendría a los 6 mil años de la Tierra tras decir en la historia de la creación que "puso fin a Su creación" después de seis días! ¡Así es como Dios anunció el fin desde el principio!

Okey, el momento #2 (La historia de Noé). Ya discutimos esto en el capítulo 5 de este libro. Noé tenía SEISCIENTOS años cuando toda la superficie del planeta Tierra fue destruida con una inundación. ¡Este planeta tendrá 6 mil años cuando toda su superficie sea destruida con una llamarada! Durante el diluvio, la familia de Noé fue "arrebatada" a salvo en el aire (en el arca) mientras un montón de personas impías perecía abajo. Toda esta escena es una metáfora profética del regreso de Cristo a los 6 mil años de la Tierra porque ese día la familia de Cristo será "arrebatada" a salvo en el aire (en las nubes) mientras un montón de personas impías marcadas como bestias perece abajo. Vuelve a leer el capítulo 5 de este libro para saber la verdad de Dios detrás de la historia de Noé.

Okey, vamos por el momento #3 (La profecía de Job). Este es simple. ¡Es una profecía explícita que proclama que el fin llegará después de 6 milenios! Job escribió: "Te librará de <u>seis</u> problemas: sí, en el séptimo no te tocará el mal" (Job 5:19). ¡Guau! Amigo, estas palabras refuerzan lo que Dios ya había profetizado a través de la historia de la creación: la humanidad vivirá seis milenios de problemas (en ese tiempo Satanás deambulará libre buscando a quién devorar), pero en el séptimo milenio (que será el reinado sabático de Cristo) ningún mal tocará a la humanidad, porque Satanás estará encerrado en el pozo sin fondo. Así que ahí está de nuevo: ¡el fin vendrá después de seis problemas, lo que significa 6 mil años!

Bien, entonces seguimos con el momento #4 (La imagen dorada de Nabucodonosor). Esto es fascinante. Alrededor del año 600 a.C., Nabucodonosor era el poderoso rey de Babilonia, quien gobernaba el mundo en ese momento. Y una noche soñó con una enorme estatua metálica que representaba desde la cabeza hasta los pies los reinos mundiales hasta el momento del regreso de Cristo. El profeta Daniel le dijo: "Nabucodonosor, tu reino, el reino de Babilonia, está representado por la cabeza de oro en la estatua".

Inspirado por el sueño y su ego, Nabucodonosor decidió construir una estatua enorme (a su IMAGEN) hecha de oro. Y luego ordenó a todos: "Oh pueblo de todas las naciones e idiomas (...) ríndanse y adoren la <u>imagen</u> de oro que Nabucodonosor, el rey, ha creado" (Daniel 3:4-5). ¿Entiendes la historia? Amigo, esta es otra parábola profética de la vida real, igual que las historias de Noé y Moisés. Pero en esta Dios representó una imagen del Anticristo venidero (¡y lo que hará!) cientos de años antes de que se escribiera el libro 13 del Apocalipsis. Así, Nabucodonosor representa al Anticristo y la imagen que creó de sí mismo para ser adorado representa la que el Anticristo hará de sí mismo para ser adorado en el templo por reconstruir en Jerusalén.

Tres hombres (Sadrac, Mesac y Abednego) NO adoraron la imagen de Nabucodonosor, ¡entonces fueron arrojados a un horno para ser QUEMADOS vivos! Pero no murieron, Jesús apareció con ellos en el fuego y no se lastimaron. Salieron del horno y aquellos que los arrojaron cayeron al fuego. ¿Y adivina qué pasó? ¡los hombres que habían servido a Nabucodonosor, que habían adorado su imagen, perecieron!

Así que aquí está el mensaje profético de Dios detrás de la historia: ¡aquellos que adoran al Anticristo y su imagen (los que aceptan su marca) perecerán en el fuego al regreso de Jesús! Pero AQUELLOS QUE NO ADORAN AL ANTICRISTO o su imagen (¡es decir, los que NO acepten su marca) serán liberados del fuego que cubrirá el planeta Tierra el día del regreso de Jesús. ¡Serán "arrebatados" a salvo en el aire, donde Jesús aparecerá con ellos en las nubes! Entonces, en esta historia Sadrac, Mesac y Abednego representan a los santos arrebatados al regreso de Cristo en el año 6000 de la Tierra.

Ahora, ¿dónde está el momento profético en la historia? Está escondido en la altura de la estatua que construyó Nabucodonosor. Recuerda, esta se inspiró en el sueño que tuvo el rey y representaba TODOS los reinos de la Tierra (desde la cabeza hasta los pies) hasta el regreso de Cristo. Bien, ¿cuánto tiempo tuvo la humanidad hasta el final? La Biblia registra: "Nabucodonosor el rey hizo una imagen de oro, cuya altura era de 60 codos (...) y la instaló en la llanura de Dura, en la provincia de Babilonia" (Daniel 3:1). ¡Guau! ¡Amigo, estos 60 codos representan los 6 mil años que la humanidad tuvo que gobernarse a sí misma HASTA QUE CRISTO ESTABLEZCA SU REINO SABÁTICO MILENARIO, que no tendrá fin!

Hay una última cosa que quiero mencionar sobre la historia de Nabucodonosor, pues confirma aún más que las palabras que usó Dios en el día seis de la creación son de verdad profecías sobre el Anticristo que vendrá. Daniel le dijo a Nabucodonosor:

> Tú, rey, eres un rey de reyes, porque el Dios del Cielo te ha dado un reino, poder, fuerza y gloria. Y dondequiera que moren los hijos de los hombres, las bestias del campo y las aves del cielo que te han entregado en tus manos, te han hecho gobernar sobre todos ellos (Daniel 2: 37-38)

¡Guau! Amigo, ¿ves que estas palabras son un remanente a las de Dios en el sexto día del Génesis? ¿Recuerdas que te dije que las palabras "Que el hombre tenga dominio sobre la bestia del campo, los peces del mar y las aves del aire" se referían al Anticristo? ¡Bueno, aquí están escritas sobre Nabucodonosor, quien fue una imagen profética del Anticristo venidero! Entonces, al decir estas cosas sobre Nabucodonosor, ¡Dios confirmó sus palabras del día seis de la creación, SON UNA PROFECÍA VERÍDICA sobre el futuro Anticristo! Es decir, piénsalo: ¿por qué Dios querría decir que Nabucodonosor había gobernado sobre las bestias del campo y las aves del aire? Suena ridículo, ¿verdad? ¡pero no es así cuando te das cuenta de que Dios quería confirmar la verdad de Sus palabras proféticas del sexto día del Génesis! ¡Fascinante!

Okey, entonces seguimos con el momento #5 (Jesús en el monte de la transfiguración). ¡Esto también es increíble! Una vez Jesús declaró a sus discípulos: "En verdad les digo que algunos de los que están parados aquí no probarán la muerte antes de ver al Hijo del Hombre viniendo a su reino" (Mateo 16:28). El siguiente versículo dice lo siguiente: "Jesús tomó consigo a Pedro, Santiago y a su hermano Juan y los llevó a una montaña alta. Allí se transfiguró delante de ellos. Su rostro brillaba como el sol, y su ropa se volvió blanca como la luz" (Mateo 17:1)

¡Amigo, esta escena fue el cumplimiento de las palabras de Cristo en el verso anterior! ¡Jesús estaba hablando de Pedro, Santiago y Juan! ¡Fueron ellos quienes vieron a Cristo transfigurarse en su cuerpo glorificado, que es lo que se verá cuando regrese! ¿y cuándo sucederá esto? La historia registra: "Después de <u>seis</u> días, Jesús llevó consigo a Pedro, Santiago y a Juan" ¡Guau! Así que ahí está de nuevo: ¡Jesús regresará después de seis días (es decir, 6 mil años) para establecer su reino!

Bueno, ahí lo tienes. La Palabra de Dios profetizó cinco veces que el "fin" llegará a los 6 mil años de la Tierra. Usó los números 6, 60 e incluso 600 para profetizar esta verdad. Fue exactamente igual a como usó el conjunto de números 4, 40, 400 y 4 mil para profetizar la muerte de Cristo en el año 4000 de la Tierra y los números 2, 20, 200 y 2 mil para profetizar sobre los "últimos días", es decir, los 2 mil años entre la muerte y el regreso de Cristo. ¡Entonces Dios fue muy consistente con los números cuando profetizó estas verdades en Su Palabra!

Bien, ahora quiero revelar cómo sé que el año 6000 de la Tierra será en el 2028 d.C. ¿Cómo podemos saber esto? ¡amigo, está oculto en más profecías bíblicas junto con un evento que acaba de suceder en el siglo pasado! Todo comienza con la parábola de la higuera de Jesús:

> Ahora aprendan esto con la parábola de la higuera: cuando su rama aún está tierna y produce hojas, sabrán que el verano está cerca: así también cuando vean todas estas cosas, deben saber que mi regreso está cerca, a las puertas. En verdad les digo que no pasará de <u>esta generación</u> hasta que se cumplan todas estas cosas (Mateo 24:32-34)

¿De cuál generación dice Jesús que no todos morirán antes de que regrese?

¡La respuesta está en su parábola! Recuerda que en una parábola las cosas representan otras cosas. Y en la Palabra de Dios, la "higuera" representa a la nación de Israel. Dios dijo: "Cuando encontré a Israel, fue como encontrar uvas en el desierto; cuando vi a tus antepasados, fue como ver los primeros higos maduros en el <u>árbol higo</u>" (Oseas 9:10). Bien, en esta parábola cuando Jesús dice: "cuando ves que la higuera extiende hojas", quiere decir "cuando ves a la nación de Israel regresar en el mapa". "¡ESA GENERACIÓN de personas son las que no desaparecerán por completo antes de mi regreso!" Bueno, amigo, ¡esto sucedió en 1948! ¡Israel fue declarado nación nuevamente el 14 de mayo de 1948! ¡La higuera extendió sus hojas! ¡Y así, el año 1948 es la última generación hasta el regreso de Cristo!

Eso nos deja solo una cosa por saber: ¿cuánto durará esta generación según Jesús? ¿esta información aparece en la Biblia? ¡Si! Salmos 90:10 dice: "El tiempo de nuestros años son 70; 80 si por alguna razón somos robustos; aunque casi todos son solo trabajo y tristeza, pronto terminará y volaremos lejos". ¡Entonces la fecha límite para una generación es ochenta años! Bueno, si sumas ochenta años a 1948, ¿qué obtienes? ¡2028! Pero eso no es todo. Ten en cuenta que este versículo dice que la generación "pronto terminará y volaremos lejos". ¿De qué se trata eso? Amigo, las palabras "pronto terminará" y "volaremos" son la forma en que Dios relacionó este versículo con las palabras de Jesús en Mateo 24 (justo antes de que contara la parábola de la higuera). Esto lo hizo para PROBAR que este versículo tiene la clave del tiempo límite de la generación que habló Jesús.

En Mateo 24, Jesús dijo:

> Pues entonces habrá la Gran Tribulación, no ha habido nada igual desde el principio del mundo hasta este momento ni nunca lo habrá. Salvo que esos días se acorten, no se salvará la carne: pero por el bien de los elegidos, esos días se acortarán (Mateo 24:21-22)

En otras palabras, ¡la Gran Tribulación SE ACORTARÁ! ¡El reinado del Anticristo SE ACORTARÁ!

¿cómo? ¡por el regreso de Cristo! El Apóstol Juan nos informó en Apocalipsis que el reinado del Anticristo solo durará cuarenta y dos meses hasta que el regreso de Cristo corte su dominio. ¡Mira, si Jesús no regresa, no se sabe cuánto tiempo reinará el Anticristo! diez, veinte, cincuenta años, ¿quién sabe? Pero, por fortuna, su tiempo "pronto terminará" y cuando esto pase, ¡los santos (vivos y restantes) "volarán" en el aire para encontrarse con Cristo en las nubes! ¡De esto habla Salmos 90:10! En fin, ochenta años después de que la higuera echó hojas en 1948 (lo que significa que Israel se convirtió otra vez en una nación), el tiempo de la Gran Tribulación del Anticristo será "acortado" y los santos "volarán". 80 más 1948 es igual a 2028. Amigo, Jesús regresará en la Fiesta de las Trompetas en el año 2028.

Este conocimiento junto con todo lo demás de este seminario fue lo que me llevó a escribir en mi libro en 2008:

> En consecuencia, mi espíritu cree que la segunda venida de Jesús ocurrirá en el año 2028 d.C., lo que ubica su muerte en el 28 d.C. ¡Y ahora sabes cómo calculé el 3972 (2028 d.C. - 6 mil años) como el año de la creación!

¡Bien amigo, ahora también lo sabes! Proviene del hecho que Israel se convirtió nuevamente en una nación en 1948, y ochenta años después (2028) el tiempo del Anticristo será "cortado" y volaremos.

Por sorpresa, desde que escribí mi libro *Prueba bíblica innegable que Jesucristo regresará al planeta Tierra exactamente 2 mil años después del año de su muerte,* Dios ha confirmado milagrosamente el regreso de su hijo en el año 2028 d. C. Visita nuestro sitio web www.2028End.com (en inglés) y lee estas pruebas en la sección "confirmaciones". ¡Te sorprenderás!

En 2013, un hombre en el Reino Unido soñó con números en el Sol. Vio aparecer 21, 22, 23 y 24 uno tras otro y luego se puso muy oscuro, ¡como si se acercara una terrible tormenta! Vio postes de luz y cables de alta tensión caídos. Después, el Sol volvió a salir y el hombre vio un enorme número 28 llenando el astro, cada vez más grande, mientras los ángeles cantaban al unísono: "¡Jesús viene! ¡Jesús viene! ¡Jesús viene!". Este hombre se llama Alfred. No conocía nuestro ministerio cuando tuvo este sueño el 13 de marzo. Nos encontró un año después y nos envió su historia por correo electrónico. Visita su sección "números al sol" en nuestro sitio web y mira el video en la parte superior. Te lo digo, ¡ES ALGO SERIO!

Más tarde, el 5 de febrero de 2017, Dios controló de forma sobrenatural el juego de fútbol más grande en Estados Unidos (Super Bowl 51) para proclamar el regreso de Cristo en el 2028. ¡Lo que hizo fue alucinante! No hablaré de eso aquí, mejor visita la sección "confirmaciones" y mira el video en la parte superior. ¡Quedarás atónito con lo que sucedió!

Y hay más confirmaciones en nuestro sitio. Incluso son de personas que no conocen nada acerca de nuestro ministerio y que creen de todo corazón que Jesús murió en el año 28 d.C., pues lo deducen del registro bíblico e histórico. ¡Así que te animo a que visites todas y cada una de las confirmaciones para que veas lo que ha estado haciendo Dios! También aparece la "parábola de la higuera", así puedes saber más al respecto. Mira el video en la parte superior de esa página, es una información preciosa. Amigo, te estoy diciendo la verdad: Dios ha estado haciendo todo lo posible para gritarle al mundo: "Mi hijo Jesucristo va a regresar al planeta Tierra 2 mil años después del año de su muerte, en la Fiesta de las Trompetas en el 2028 d.C., ¡ENTONCES, ALÍSTATE!"

Bueno, ¡solo queda un último capítulo en este libro! En él vamos a discutir los mensajes proféticos de Dios detrás de sus siete fiestas. Vas a descubrir que las fiestas de Dios profetizan (durante un año del calendario) el MOMENTO cuando el Mesías completará sus tareas más importantes. Y DE UNA VEZ POR TODAS aprenderás de qué se trata la frase "nadie sabe el día ni la hora". Entonces, ¡sigue leyendo!

CAPÍTULO 10

Las Siete Fiestas de Dios
Los Tiempos Señalados

Bueno, ¡lo lograste! Este es el capítulo final titulado "Las siete fiestas de Dios - Los tiempos señalados". ¡Y aquí es donde vamos a aprender (¡al fin!) de qué se trata la frase "nadie sabe el DÍA o la HORA"! Este es uno de los versículos bíblicos más incomprendidos de la Iglesia de hoy, pero te prometo que si lees este capítulo, ¡sabrás la verdad completa, la maravillosa verdad detrás de estas preciosas palabras!

Recuerda, amigo, ¡se trata de un juego! ¡Dios creó el Juego de la Vida! Y no te equivoques al respecto: Dios ha establecido el marcador del tiempo del Juego desde el principio, ¡hasta ha establecido cuándo volverá Jesús! En este libro aprendimos que el reloj del Juego marca 6 mil años solares, seguido de un período de bonificación de mil años solares. Entonces, Dios dividió esos siete milenios en períodos de mil años [Ver Figura 11].

Figura 11 - Plan del Juego de la Vida de Dios (7,000 Años)

Aprendimos que Dios ocultó el marcador en los siete días del Génesis al utilizar seis días para crear el mundo, seguido de un séptimo día de descanso. Cada día de creación hace referencia a un milenio en el futuro y CONTIENE UNA PROFECÍA que anuncia el evento más grande que ocurrirá entonces.

Además, aprendimos que Dios profetizó que Jesucristo MORIRÍA por nosotros en la cruz a los 4 mil años de la Tierra y que VOLVERÁ por nosotros a los 6 mil años. En nuestro calendario gregoriano de hoy, la muerte de Cristo corresponde al año 28 d.C. y el año 2028 d.C. a su regreso. Luego, tras el regreso de Cristo, los mil años de bonificación comenzarán en la Tierra, cumpliéndose el séptimo día sabático anunciado en Génesis. Los santos resucitados vivirán y reinarán con Cristo por mil años. Será un tiempo de santidad y descanso en la Tierra, tal como Dios habló del día de reposo en la historia de la creación. ¡Eso es todo! Ese es el marcador del tiempo para el CUENTA ATRÁS en el Juego de la Vida de Dios: 7 mil años totales (6 mil + mil) / Jesús muere el año 4000 y regresa en el 6000.

Entonces, ¿qué pasa con la frase "nadie sabe el día o la hora"? ¿De que se trata? Bueno, para eso tenemos que recurrir a las siete fiestas de Dios. La palabra 'fiesta' proviene de la palabra hebrea *mo'ed* que significa 'tiempos señalados' (Levítico 23:1-4). ¿Lo captaste? ¡Las siete fiestas de Dios son Sus tiempos señalados! ¿Y qué significa eso? ¡significa que son proféticas! Las siete fiestas de Dios contienen más información sobre el reloj del Juego de la Vida hecho por Dios. ¡Pero no tienen nada que ver con el cuenta atrás! En cambio, PREDICEN EL DÍA EXACTO (no el año, sino el día en el calendario) en el que sucederán ciertas cosas. Para ser más específico, las siete fiestas de Dios predicen el DÍA VERDADERO en que el Mesías (Cristo Jesús) cumplirá sus deberes más importantes, que incluyen su muerte en la cruz y su regreso al sonar una trompeta.

Así que echemos un vistazo a esto: Dios estableció la observación anual de las siete fiestas con los israelitas en el desierto justo después de que escaparan de Egipto aproximadamente en el 1300 a.C., ¡más de mil años antes de que Jesús llegara! Estas fiestas están escritas en el libro 23 del Levítico. Dios les dio el nombre de la fiesta, les dijo de qué se trataría y cuándo debía celebrarse cada año según un calendario lunar. Un calendario lunar significa que los meses se basan en el ciclo lunar, cada mes comienza y termina con la luna nueva.

Dios ordenó a los israelitas que celebraran estas siete fiestas todos los años (al igual que hoy las celebramos). De hecho, la palabra 'vacaciones' viene de ellas porque también se conocían como los "días santos", las cuales forman la palabra "vacaciones".[1] Ten en cuenta que los israelitas no tenían idea de que estos días de fiesta (estos tiempos señalados) en realidad predecían LOS DÍAS EXACTOS en que Jesús cumpliría sus deberes más importantes. La verdad es que la esencia misma de lo que se trata cada fiesta es, en esencia, lo que Jesús tenía que cumplir tal día. ¡Es un maravilloso conocimiento por entender!

Aquí tienes las fiestas en orden:

---

[1] En inglés, 'holiday' (vacaciones) hace referencia a 'holy days' (días santos). [Nota de la editora]

#1 Pascua
#2 Panes sin levadura
#3 Primicias
#4 Las semanas
#5 Las trompetas
#6 Día de expiación
#7 Los tabernáculos

Las primeras tres fiestas se celebran en la primavera, en un período de ocho días durante el mes lunar de Nisán. La Pascua es en la víspera de la noche número catorce; en los siguientes siete días se celebra pan sin levadura, del quince al veintiuno; la fiesta de las primicias se conmemora durante la semana del pan sin levadura, el día después del Sabbath semanal [Ver Figura 12]. Dios declaró el mes de Nisán como el primer mes del año en el calendario religioso judío.

La cuarta fiesta (de las semanas) se celebra cincuenta días (siete semanas + un día) después de la fiesta de las primicias. Esto quiere decir que coincide con el final de la primavera, durante el tercer mes lunar del año, Sivan.

Las últimas tres fiestas se celebran en el otoño, durante el séptimo mes lunar del año, Tishrei. La fiesta de las trompetas es en el primer día del mes, la expiación en el décimo y los tabernáculos son siete días, del quince al veintiuno. Estas tres fiestas se conocen colectivamente como las fiestas de otoño del Señor.

Entonces, ahí van. Esas son las siete fiestas de Dios junto con el DÍA que deben observarse cada año en función de los meses lunares. Ahora te explico lo que pasa.

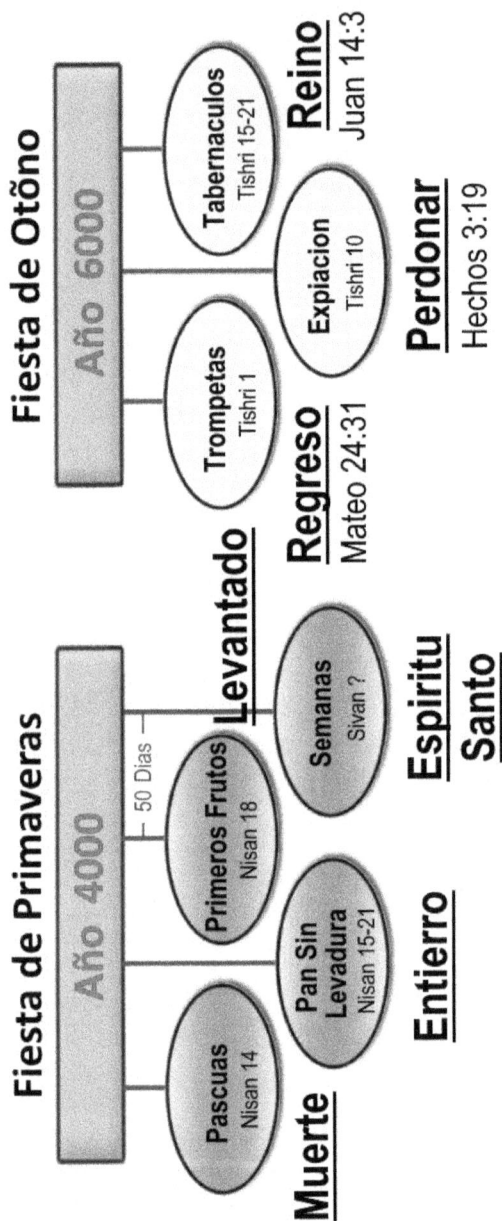

Figura 12 - Las 7 Fiestas Profeticas del Mesias

Los judíos celebraron estas fiestas durante más de mil años. Entonces llegó Jesús en el año 4000 y MURIÓ en la cruz (¡sacrificándose!) EL MISMO DÍA en que se celebra la Pascua (es decir, la primera fiesta del año). Esta conmemora el momento en que los israelitas sacrificaron al cordero la noche de su éxodo en Egipto: día catorce de Nisán. ¡Y ahora está Jesús, que se sacrificó el DÍA de Pascua! ¡Literalmente se convirtió en el cordero pascual sacrificado, cumpliendo con la Pascua el MISMO DÍA! Esta es la razón por la cual Pablo escribió: "Porque Cristo, nuestro Cordero de la pascua, ha sido sacrificado" (I Corintios 5:7). ¡Guau!

Por cierto, en el año cuando Cristo fue crucificado, el día catorce de Nisán cayó el cuarto día de la semana (de la puesta de sol de martes a la tarde del miércoles). Así que Cristo murió un miércoles por la tarde. No tengo tiempo para entrar en detalles sobre todas estas cosas en este libro, pero puedes aprender sobre esto (y mucho más) en el capítulo de Moisés de *Prueba bíblica innegable que Jesucristo regresará al planeta Tierra exactamente 2 mil años después del año de su muerte*.

Muy bien, el cuerpo de Jesús fue bajado de la cruz ese mismo día (día catorce de Nisán) y enterrado al anochecer, porque los judíos querían los cuerpos abajo antes de que llegara el sábado del primer día de pan sin levadura (quince de Nisán). El cuerpo de Cristo permaneció enterrado durante tres días y tres noches (del quince al diecisiete de Nisán) cumpliéndose la profecía de Jonás contada por Cristo en Mateo 12:40. ¡Así, el cuerpo de Jesús estuvo en la tierra (corazón de la tierra) durante los días de la fiesta del pan sin levadura! ¡El cuerpo sin pecado de Cristo fue el pan sin levadura que cumplió la fiesta!

Bien, ahora sabemos que la muerte de Cristo ocurrió el MISMO DÍA de Pascua celebrada anualmente (la primera fiesta del año) y sabemos que su entierro tuvo lugar durante los MISMOS DÍAS de la fiesta del pan sin levadura (la segunda del año). Amigo, estas son las cosas MÁS GRANDES que Cristo tuvo que hacer para salvarnos: ¡su muerte y sepultura! ¿Y qué hay de su resurrección?

Bueno, luego viene la fiesta de las primicias (la tercera del año). Recuerda, se celebra justo después de que termina el día de reposo semanal durante los siete días de pan sin levadura. Entonces, si cuentas tres días y tres noches desde la puesta de sol del miércoles (cuando el cuerpo de Cristo fue enterrado), ¡llegarás a la puesta de sol del sábado, al final del descanso semanal! (el sábado, el séptimo día de la semana, se extiende desde la puesta de sol del viernes hasta la puesta de sol del sábado). Así que en el momento justo, ¡Jesús resucitó el MISMO DÍA de la fiesta de las primicias! María y Marta encontraron la piedra rodada y la tumba vacía ese domingo por la mañana cuando todavía seguía oscuro. Aquí está el trato, amigo: Jesús se convirtió en la resurrección de los primeros frutos el MISMO DÍA de la primicia. En otras palabras, cumplió el propósito de la fiesta el MISMO DÍA, ¡igual que en las primeras dos! Esta es la razón por que Pablo escribió: "Pero ahora Cristo resucitó de los muertos y se convirtió en los primeros frutos de los que durmieron" (I Corintios 15:20). ¡Guau!

Ahora sabes que Jesús cumplió las fiestas de primavera (las primeras tres del año), pascua, pan sin levadura y primicias, ¡en su DÍA celebrado a los 4 mil años de la Tierra! El Mesías hizo su deber más importante para nosotros (muerte, sepultura y resurrección) en los tiempos señalados por Dios y nadie lo supo en ese momento. ¡Alucinante! Después de su resurrección, comenzó a explicar estas cosas a sus discípulos. ¡Entonces lo entendieron pronto!

Okey, viene la fiesta de las semanas (la cuarta del año). Recuerda que esta fiesta tiene una duración de cincuenta días después de las primicias. Bien, amigo, ¡coincide con el MISMO DÍA que Jesús envió al Consolador, el Espíritu Santo! Cuarenta días después de su resurrección, Jesús ascendió de regreso al Cielo y diez días luego derramó el Espíritu Santo sobre sus discípulos. La Iglesia nombró este día "Pentecostés", pero la palabra 'Pentecostés' proviene de la palabra griega *pentekostos* que significa 'cincuenta'. ¡Ese cincuenta corresponde a la fiesta de las semanas! Jesús envió al Espíritu Santo para cumplir con ella, la cual conmemoraba el día en que Dios dictó atronador los 10M a los israelitas en el Monte Sinaí. No tengo tiempo para entrar en esto aquí, pero, amigo, los 10M y el Espíritu Santo están íntimamente vinculados. ¡Lee sobre esto en el capítulo dedicado al Espíritu Santo de mi libro *Prueba bíblica innegable que Jesucristo regresará al planeta Tierra exactamente 2 mil años después del año de su muerte*!

Muy bien, recapitulemos hasta donde estamos: Jesús cumplió sus deberes más importantes (muerte, entierro, resurrección y envío del Espíritu Santo) COINCIDIENDO CON las cuatro primeras fiestas del año de Dios: pascua, pan sin levadura, primicias y semanas. Entonces, sabiendo esto, déjame hacerte una pregunta: quedan tres fiestas, todas celebradas en el otoño durante el mes lunar de Tishri (el séptimo mes lunar del año), ¿crees que Jesús va a hacer algo importante por nosotros LOS DÍAS EXACTOS de estas tres fiestas restantes? ¡CLARO QUE SÍ! Seríamos tontos si no entendiéramos esto una vez presentado.

Entonces, las últimas tres fiestas son trompetas, expiación y tabernáculos. Amigo, esto es lo que Cristo ha dejado por hacer por nosotros: regresar al son de una trompeta, oficialmente (sacerdotalmente) expiar nuestros pecados y luego en tabernáculo vivir entre nosotros. Permíteme ser claro. ¡Estas tres fiestas se cumplirán en su DÍA durante los 6 mil años de la Tierra, tal como Jesús cumplió con las primeras cuatro fiestas a los 4 mil años de la Tierra! El apóstol Pablo escribió: "¡Que nadie te juzgue con respecto a una fiesta [días santos], o una luna nueva, o los días de reposo, que son una sombra de las cosas por venir!" (Colosenses 2:16-17). ¡Mira, Pablo sabía que las fiestas de otoño aún tenían que cumplirse! Excelente, ¿verdad?

Ahora bien, si sabemos que Jesús regresará el MISMO DÍA de la fiesta de las trompetas (la quinta del año), entonces, ¿qué pasa con la frase "nadie sabe el DÍA ni la HORA"? Si regresa con las trompetas, ¿cómo tiene sentido? Amigo, es así de simple. La fiesta de las trompetas es el único día festivo celebrado al comienzo de un mes lunar (el primer día del mes) y este día no se conocerá hasta que dos testigos confirmen el avistamiento de la luna nueva en el Sanedrín. Esto podría suceder a cualquier HORA de cualquier DÍA durante la fase de luna nueva que contenga tres días de oscuridad.

Finalmente, se acuñó un idioma judío y la fiesta de las trompetas se conoció como la fiesta "nadie sabe el día ni la hora". Los judíos aún tienen pendiente que llegue. Y encontrarás a Jesús diciendo esto al hablar de su regreso: "nadie sabe el día ni la hora" y "vigile". Es trágico que hoy la Iglesia piense que él dice que no tendremos ni idea del momento del regreso de Cristo, cuando en realidad está revelándolo: ¡Fiesta de las trompetas! ¿no es eso impactante? ¡es triste lo engañada que puede estar toda una generación de iglesias!

Desde hace una década, desde que Dios me dio este mensaje profético de *2028 FIN*, lo que casi siempre escucho es "nadie sabe el día ni la hora", "nadie sabe el día ni la hora", "nadie sabe día u hora ". ¡Son como loros! ¡Luego cierran sus corazones y no escuchan una sola palabra mía! Sus oídos han sido sellados por Satanás, quien los ha engañado con esta frase. ¡Es desgarrador!

Pero, amigo, escúchame: ¡Jesús QUIERE que sepas la hora de su regreso! Literalmente dijo: "deben saber que mi regreso está cerca, a las puertas" (Mateo 24:33). Fue una orden directa para nosotros: ¡HAY QUE SABER cuándo su regreso estará justo a las puertas! Bueno, estará "a las puertas" en la fiesta de las trompetas en el 2028 d.C., dos mil años después del año de su muerte (Pascua 28 d.C) de acuerdo con todo lo que he revelado en este libro. Es así como la portada de mi libro lo ha estado proclamando durante una década: "Jesucristo regresará al planeta Tierra exactamente 2 mil años después del año de su muerte".

Bueno, está bien, ahora vamos a terminar esto. Dios creó el Juego de la Vida. El planeta Tierra es el campo de juego, los humanos somos los jugadores que ganarán o perderán y los 10M son las reglas. El juego está siendo jugado por dos equipos: el equipo de Jesús y el de Satanás. Si juegas para el de Jesús, ganarás. Si juegas para Satanás, perderás. El juego está programado para jugarse durante 6 mil años solares, luego llegará a su fin con el regreso de Cristo. Después de esto, comenzará un milenio de bonificación con Cristo y todos los santos resucitados reinando en la Tierra. Al final de este milenio, Satanás será liberado por última vez para salir y engañar (si puede) a todas las personas que nacieron durante este período. Puedes leer sobre cómo finalizará el Juego en los últimos tres libros del Manual (Apocalipsis 20, 21, 22).

Aquí está el trato, amigo: ¡solo tienes poco tiempo para jugar el Juego! ¡Y cada jugada que hagas está escrita en libros! Se está grabando todo lo que piensas, hablas y haces todos los días de tu vida (¡cada minuto!). Jesús dijo: "Pero yo les digo que toda palabra ociosa que hablen los hombres darán cuenta de ella en el Día del juicio" (Mateo 12:36). ¡Guau! El Manual del Juego de la Vida dice:

> Y vi a los muertos, pequeños y grandes, pararse ante Dios; se abrieron los libros, se abrió otro libro, que es el libro de la vida: y los muertos fueron juzgados por las cosas que estaban escritas en los libros, de acuerdo con sus obras (Apocalipsis 20:12)

Pero amigo, ¡esto es exactamente lo que sucede en los juegos que conocemos y amamos hoy en la Tierra! Tomemos, por ejemplo, fútbol, tenis, golf, hockey, entre otros. Cada jugada que hace cada jugador se registra en los libros. Saben quién hizo qué, cuándo y dónde. En el fútbol americano, saben que un corredor corrió un total de 112 yardas, 23 yardas en el primer cuarto con cuatro acarreos. Saben que su primera carrera fue de 7 yardas en una segunda jugada hacia la izquierda a los dos minutos y treinta y cinco segundos del juego. En el tenis, saben que el ganador sirvió veintidós ases, dió ciento cuarenta y cuatro golpes de revés, corrió por 1786 metros, cometió diecisiete errores no forzados y así sucesivamente. ¿Lo entiendes? ¡Cada jugada que hace cada jugador queda grabada! Bueno, de la misma manera ¡TODO LO QUE HACES en el Juego de la Vida está siendo grabado! ¡Qué hiciste, dónde lo hiciste, cuándo lo hiciste! ¡Incluso por qué lo hiciste, los motivos de tu corazón!

Así que escucha, el día del juicio la evidencia sobre tu vida estará ante ti. ¡Será obvio en qué equipo jugaste! ¡Tus obras lo demostrarán! Si hiciste jugadas de amor, entrarás en la vida eterna del Cielo; si jugaste con orgullo, perecerás en el lago de fuego. ¡La elección es tuya AHORA MISMO! ¡Tienes la opción AHORA MISMO de comenzar a hacer las cosas que necesitas hacer para ganar el Juego! Y no te equivoques al respecto: si no estás jugando en el equipo de Jesús, ¡estás jugando en el de Satanás! ¡No hay otra opción! ¡No puedes sentarte en este juego! Así que te lo ruego, visita nuestro importante sitio web www.10LoveCommandments.com (en inglés) y mira las video series *Ecuación del amor* y *Los diez mandamientos del amor*. Estos dos seminarios aclararán todo sobre cómo ganar el Juego de la Vida y sobre cómo recibir la recompensa de la vida eterna.

Te lo advierto, hay MUCHAS doctrinas falsas en las iglesias de hoy (literal "doctrinas demoníacas") destinadas a engañarte para que vivas un estilo de vida que termina en el lago de fuego. Por favor, no puedo decir con suficiente énfasis lo importante que es para ti ver esos dos seminarios. ¡Asegúrate de estar jugando en el equipo de amor de Jesús para que ganes!

Bueno, eso es todo, mi amigo. Los primeros 6 mil años del Juego de la Vida de Dios están a punto de terminar. Terminarán en la fiesta de las trompetas de 2028. ¡Dios lo ha propuesto! ¡Lo ha planeado! ¡Y hará que pase! ¡Pero no esperes hasta 2028 para estar bien con Dios porque Él podría sacarte del juego esta noche! Así que golpea tus rodillas y clama a Dios: "¡Perdóname, Señor, por cada cosa malvada que he hecho!" Y luego levántate, con un nuevo corazón y un nuevo espíritu, y comienza a hacer los cambios necesarios en tu vida para jugar para el equipo de Jesús. Bueno, ¡los amo a todos! ¡Dios, ayúdanos! Dios te bendiga.

Los malvados finalmente perderán;
Los justos finalmente ganarán
(Proverbios 21:18, Biblia viva)